[ドラム検定]

ドラムを自在に操る新旧ルーディメンツ大全431

菅沼孝三 著

はじめに

ドラマーに必要な要素は？と聞かれた時、
普通に考えて演奏力、読譜力…深い部分では「人間性」と思い浮かぶが、
「ドラマーにはグルーヴこそが大切です。」という人も多いだろう。

この「グルーヴ」という言葉は海外では、リズムを叩くこと自体を「グルーヴをプレイしてください」
と呼んでいることも多く、リズムを叩くのが得意な人を「グルーヴ・マスター」と呼んだりもする。

楽譜にもリズムが続く箇所に「groove」と追記してあったりするのだ。
しかし、その謎の言葉「グルーヴ」が「ノリ」とか「躍動感」とかいった
部分を指しているのであれば、それも納得出来る。

そういった、どうにでも取れる部分を議論するのではなく、
ドラムを叩くのに単純にBPMいくつで、どのフレーズが叩けますか？というのが本書の目的だ。

具体的に、ドラムの必要なパーツであるルーディメンツをどのテンポで正確に叩けるのか？
という基礎力を試していただければ幸いである。

ドラムを演奏するときに使用される技術、マーチングのルーディメンツやリズムパターンなどを体系
化して、どこまでできるのかをランク付けしていきたい。

菅沼孝三

ドラム検定の審査基準

各譜例は3種類、もしくは2種類にテンポ分けされている。
Slow= ●● bpm　Medium= ■□ bpm　Fast= △▲ bpm

ドラム検定 3級

Slow（スロー）テンポで演奏が正確に行えること。
その他、ダイナミクスや音量バランス、表現力も審査の基準になります。

ドラム検定 2級

Medium（ミディアム）と書かれた表示のテンポで演奏が正確に行えること。
その他、ダイナミクスや音量バランス、表現力も審査の基準になります。
カウンティングはできるだけ行うこと。フットワークのフェザーリングは必須です。

ドラム検定 1級

Fast（ファスト）と書かれた表示のテンポで演奏が正確に行えること。
その他、ダイナミクスや音量バランス、表現力も審査の基準になります。
カウンティングは Medium テンポまでは必須。フットワークのフェザーリングも必須です。

■練習するにあたっての必要事項

1. カウンティング
カウントは声に出して「ワン・ツー・スリー・フォー」
「1 and・2and・3and・4and」
「イチトウ・ニイトウ・サントウ・シイトウ」と行います。

2. フットワーク
フェザーリングとは鳥の羽（フェザー）が触れるぐらいの軽いタッチでバスドラムを4分音符、ハイハットは2拍目、4拍目に踏みます。4分の3拍子や変拍子などでのハイハットのタイミングは自由としますが、強拍には原則的にバスドラムを踏みます。

3. 演奏するテンポ
演奏するテンポは暫定の3種類で表示されています。もちろんその前後のテンポも練習しましょう。検定においても、その前後のテンポで出題される場合があります。

第1章 『スティック・コントロール・エクササイズ223』

[1]スティック・コントロール・エクササイズ
- 4打ずつのグルーピング …………………………………………………………… 8
- 6打ずつのグルーピング …………………………………………………………… 10

[2]アクセントおよび休符の移行
- 3連符のアクセント・休符の移行 ………………………………………………… 12
- 16分音符のアクセント・休符の移行 ……………………………………………… 13
- 16分音符の2連打のアクセント …………………………………………………… 14
- 16分音符のドラッグの移行 ………………………………………………………… 15
- 16分音符のフラムの移行 …………………………………………………………… 16
- 5連符のアクセント・休符の移行 ………………………………………………… 17
- 5連符におけるアクセントの移行 ………………………………………………… 18
- 5連符のドラッグの移行 …………………………………………………………… 19
- 6連符のアクセント・休符の移行 ………………………………………………… 20
- 6連符の2連打のアクセント ……………………………………………………… 21
- 6連符のドラッグの移行 …………………………………………………………… 22
- 7連符のアクセント・休符の移行 ………………………………………………… 23
- 7連符の2連打のアクセントを移行 ……………………………………………… 24
- 7連符のドラッグの移行 …………………………………………………………… 25

[3]パラディドルのバリエーション
- シングル・パラディドルのバリエーション ……………………………………… 26
- ダブル・パラディドルのバリエーション ………………………………………… 27
- トリプル・パラディドルのバリエーション ……………………………………… 28
- トリプレット・パラディドル（パラ・トリプレット）………………………… 29
- パラディドルの応用 ………………………………………………………………… 30
- パラ・パラディドル ………………………………………………………………… 32
- パラ・パラディドルのアクセレーション ………………………………………… 33

[4]チェンジアップ
- チェンジアップ ……………………………………………………………………… 34
- アクセントの移行とチェンジアップ ……………………………………………… 38
- 休符の移行とチェンジアップ ……………………………………………………… 40
- チェンジアップの応用 ……………………………………………………………… 42
- シングル・パラディドルのアクセント・アクセレーション …………………… 43
- ダブルアクセントのアクセレーション …………………………………………… 44

[5]連符の分割
- 連符の分割1 ………………………………………………………………………… 45
- 連符の分割2 ………………………………………………………………………… 47
- 連符の分割3 ………………………………………………………………………… 49

[6]ドラッグ・トリプレッツ
- ドラッグ・トリプレッツ1 ………………………………………………………… 51
- ドラッグ・トリプレッツ2 ………………………………………………………… 52

[7]3拍フレーズ
- 3拍フレーズ1 ……………………………………………………………………… 53
- 3拍フレーズ2 ……………………………………………………………………… 54

[8]手足のインディペンデンス
- 手足のインディペンデンス··· 55

[9]ビート・パターン・テーブル
- 8ビート・パターン・テーブル··· 59
- 16ビート・パターン・テーブル··· 60
- ハイハット・バリエーション1··· 62
- ハイハット・バリエーション2··· 64
- ハイハット・バリエーション3··· 65
- バスドラム・バリエーション··· 66
- ジェームス・ブラウンビート··· 67
- リニア・リズム（8ビート）·· 68
- リニア・リズム（16ビート）·· 69
- シャッフル・ビート··· 72
- ジャズのアプローチ1··· 74
- ジャズのアプローチ2··· 75
- ジャズのアプローチ3··· 76
- ジャズのアプローチ4··· 77

第2章 『スタンダード・ルーディメンツ75』

[10]26のスタンダード・ルーディメンツ ······································· 80
[11]14のスタンダード・ルーディメンツ ······································· 88

第3章 『コンテンポラリー ドラム・ルーディメンツ＆ハイブリッド・ドラム・ルーディメンツ133』

[12]コンテンポラリー・ドラム・ルーディメンツとハイブリッド・ルーディメンツをまとめたグルーヴ········ 92
[13]ハイブリッド・ルーディメンツ・フレーズ集 ··································· 106

●模範演奏動画について

模範演奏動画は各フレーズ、1階級のみとなります。（本書8～9ページ以外）

【携帯電話 / スマートフォン / タブレットで閲覧する】
本書に記載のQRコードをバーコードリーダーアプリ等で読み込むことで閲覧できます。

【パソコンで閲覧する】
下記URLに記載の特設ページで閲覧できます。

https://alfanote.jp/item/anb016/

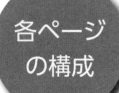

各ページの構成

各項目には、ドラム検定の級別 bpm を記載してあります。**右の QR コードはフレーズの動画にリンク**しており、目と耳の両方で確認できます。

QR コードはスマートフォン、携帯電話、タブレット等をお持ちの方はバーコードリーダーアプリ等で下記の QR コードを読み込み、アクセスしてください。

16分音符におけるあらゆる手順での演奏
スティック・コントロール・エクササイズ

■4打ずつのグルーピング
1. スネアのみで演奏。手順が変わっても同じニュアンスで叩けるようにしよう。
2. タムとスネアを使う。手順の変化を生かした表現。

譜面のフレーズを動画でチェック！

級の下の数字はテンポを示す数値(bpm)です。

3級 060　2級 075　1級 100

シングルストローク

RLRLRLRLRLRL
LRLRLRLRLRLR

RLRLの手順でシングルストロークを叩いてみよう。テンポがゆっくりのときはリストショット（手首が主体となる打ち方）、テンポアップすればフィンガーショット（指を使った打ち方）も取り入れていく。このように交互に打つ手順のことを「オルタネート」と呼ぶ。

ダブルストローク

RRLLRRLLRRLL
LLRRLLRRLLRR

手順がRRLL・RRLLとなる2打づつ打つストロークだ。スローテンポでは1打づつ打てるが、テンポアップする時には「ショット&スクイーズ」。直訳すると「打つ&絞る」ということで、ショットして1打&リバウンドしてきたスティックを指の絞りで、さらに1打打つという2連打。

パラディドル（ノーアクセント）

RLRR LRLL RLRR LRLL
LRLL RLRR LRLL RLRR

手順がRLRR・LRLL。通称「シングル・パラディドル」「ストレート・パラディドル」と呼ばれるパラディドルだ。「パラ」はRLあるいはLRの交互打ち。「ディドル」はRRあるいはLLの二度打ち。二者が連結され「パラ・ディドル」になる。

ディレイド・パラディドル（ノーアクセント）

RLRLLRLRRLRLLRLR
LRLRRLRLLRLRRLRL

手順がRLRL・LRLR。通称「ディレイド・パラディドル」と呼ばれるパラディドルだ。2打目からスタートすると手順がパラディドルになっている。つまり、1打遅れてのパラディドルなので「ディレイド・パラディドル」と呼ばれる。

リバース・パラディドル（ノーアクセント）

RRLRLLRLRRLRLLRL
LLRLRRLRLLRLRRLR

手順がRRLR・LLRL。通称「リバース・パラディドル」と呼ばれるパラディドルだ。「ディドル」の後に「パラ」が来る「ディドル・パラ」。通常のパラディドルとは逆になるので「リバース・パラディドル」と呼ばれる。

※譜面内に記された「R」「L」「>」の記号は以下のように表しています。
R →右手　　L →左手　　> →アクセント

第1章
スティック・コントロール・エクササイズ
223

[1] スティック・コントロール・エクササイズ
[2] アクセントおよび休符の移行
[3] パラディドルのバリエーション
[4] チェンジアップ
[5] 連符の分割
[6] ドラッグ・トリプレッツ
[7] 3拍フレーズ
[8] 手足のインディペンデンス
[9] ビート・パターン・テーブル

16分音符におけるあらゆる手順での演奏

スティック・コントロール・エクササイズ

■ 4打ずつのグルーピング

1. スネアのみで演奏。手順が変わっても同じニュアンスで叩けるようにしよう。
2. タムとスネアを使う。手順の変化を生かした表現。

譜面のフレーズを動画でチェック！

3級 060　2級 075　1級 100

シングルストローク

RLRLの手順でシングルストロークを叩いてみよう。テンポがゆっくりのときはリストショット（手首が主体となる打ち方）、テンポアップすればフィンガーショット（指を使った打ち方）も取り入れていく。このように交互に打つ手順のことを「オルタネート」と呼ぶ。

ダブルストローク

手順がRRLL・RRLLとなる2打ずつ打つストロークだ。スローテンポでは1打ずつ打てるが、テンポアップする時には「ショット＆スクイーズ」。直訳すると「打つ＆絞る」ということで、ショットして1打＆リバウンドしてきたスティックを指の絞りで、さらに1打打つという2連打。

パラディドル（ノーアクセント）

手順がRLRR・LRLL。通称「シングル・パラディドル」「ストレート・パラディドル」と呼ばれるパラディドルだ。「パラ」はRLあるいはLRの交互打ち。「ディドル」はRRあるいはLLの二度打ち。二者が連結され「パラ・ディドル」になる。

ディレイド・パラディドル（ノーアクセント）

手順がRLRL・LRLR。通称「ディレイド・パラディドル」と呼ばれるパラディドルだ。2打目からスタートすると手順がパラディドルになっている。つまり、1打遅れてのパラディドルなので「ディレイド・パラディドル」と呼ばれる。

リバース・パラディドル（ノーアクセント）

手順がRRLR・LLRL。通称「リバース・パラディドル」と呼ばれるパラディドルだ。「ディドル」の後に「パラ」が来る「ディドル・パラ」。通常のパラディドルとは逆になるので「リバース・パラディドル」と呼ばれる。

インワード・パラディドル（ノーアクセント）

RLLRLRRLRLLRLRRL
LRRLRLLRLRRLRLLR

手順がRLLR・LRRL。通称「インワード・パラディドル」と呼ばれるパラディドルだ。4連打の真ん中2打がディドルになっており、音列がインワードされているので「インワード・パラディドル」と呼ばれる。

R1打、L3打のストローク

RLLLRLLLRLLLRLLL
LRRRLRRRLRRRLRRR

手順がRLLL・RLLL。右手を1打の後に左手が3連打になる。左手の連打はテンポがゆっくりのときはリストショット（手首が主体となる打ち方）、テンポアップすればフィンガーショット（指を使った打ち方）も取り入れていく。

R3打、L1打のストローク

RRRLRRRLRRRLRRRL
LLLRLLLRLLLRLLLR

手順がRRRL・RRRL。右手の3連打の後に左手が1打になる。右手の連打はテンポがゆっくりのときはリストショット（手首が主体となる打ち方）、テンポアップすればフィンガーショット（指を使った打ち方）も取り入れていく。

4ストローク・ロール

RRRRLLLLRRRRLLLL
LLLLRRRRLLLLRRRR

手順がRRRR・LLLL。右手4連打の後に左手も4連打になる。両手の連打はテンポがゆっくりのときはリストショット（手首が主体となる打ち方）、テンポアップすればフィンガーショット（指を使った打ち方）も取り入れていく。

■6打ずつのグルーピング

1. スネアのみで演奏。手順が変わっても同じニュアンスで叩けるようにしよう。
2. タムとスネアを使う。手順の変化を生かした表現。

6連符のシングルストローク

RLRLRLの手順でシングルストロークを叩いてみよう。テンポがゆっくりのときはリストショット（手首が主体となる打ち方）、テンポアップすればフィンガーショット（指を使った打ち方）も取り入れていく。このように交互に打つ手順のことを「オルタネート」と呼ぶ。

6連符のダブルストローク

手順がRRLLRR・LLRRLLとなる2打ずつ打つストロークだ。スローテンポでは1打ずつ打てるが、テンポアップする時には「ショット&スクイーズ」。直訳すると「打つ&絞る」ということで、ショットして1打&リバウンドしてきたスティックを指の絞りで、さらに1打打つという2連打。

ダブル・パラディドル

手順がRLRLRR・LRLRLL。通称「ダブル・パラディドル」「ストレート・ダブル・パラディドル」と呼ばれるパラディドルだ。「パラ」は2回繰り返されRLRLあるいはLRLRの交互打ち。「ディドル」はRRあるいはLLの二度打ち。二者が連結され「ダブル・パラ・ディドル」になる。

ディレイド・ダブルパラディドル

手順がRLRLRL・LRLRLR。通称「ディレイド・ダブルパラディドル」と呼ばれるパラディドルだ。2打目からスタートすると手順がダブルパラディドルになっている。つまり、1打遅れてのダブルパラディドルなので「ディレイド・ダブルパラディドル」と呼ばれる。

リバース・ダブルパラディドル

手順がRRLRLR・LLRLRL。通称「リバース・ダブルパラディドル」と呼ばれるパラディドルだ。「ディドル」の後に「パラ」が2回来る「ディドル・パラ・パラ」。通常のダブルパラディドルとは逆になるので「リバース・ダブルパラディドル」と呼ばれる。

インワード・ダブルパラディドル1

手順がRLLRLR・LRRLRL。通称「インワード・ダブルパラディドル1」と呼ばれるパラディドルだ。インワード・パラディドル+パラとパラが音列の中にインワードされているので「インワード・ダブルパラディドル1」と呼ばれる。

インワード・ダブルパラディドル2

手順がRLRRLR・LRLLRL。通称「インワード・ダブルパラディドル2」と呼ばれるパラディドルだ。シングル・パラディドル＋パラとパラが音列の中にインワードされているので「インワード・ダブルパラディドル2」と呼ばれる。

インワード・ダブルパラディドル3

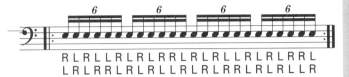

手順がRLRLLR・LRLLRRL。通称「インワード・ダブルパラディドル3」と呼ばれるパラディドルだ。パラ＋インワード・パラディドルとパラが音列の中にインワードされているので「インワード・ダブルパラディドル3」と呼ばれる。

R1打、L5打のストローク

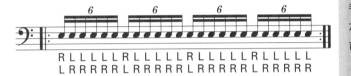

手順がRLLLLL・LRRRRR。右手の後に左手が5連打になる。左手の連打はテンポがゆっくりのときはリストショット（手首が主体となる打ち方）、テンポアップすればフィンガーショット（指を使った打ち方）も取り入れていく。

R2打、L4打のストローク

手順がRRLLLL・LLRRRR。右手の2連打の後に左手が4連打になる。連打はテンポがゆっくりのときはリストショット（手首が主体となる打ち方）、テンポアップすればフィンガーショット（指を使った打ち方）も取り入れていく。

3ストローク・ロール

手順がRRRLLL・LLLRRR。右手の3連打の後に左手が3連打になる。連打はテンポがゆっくりのときはリストショット（手首が主体となる打ち方）、テンポアップすればフィンガーショット（指を使った打ち方）も取り入れていく。

R4打、L2打のストローク

手順がRRRRLL・LLLLRR。右手の4連打の後に左手が2連打になる。連打はテンポがゆっくりのときはリストショット（手首が主体となる打ち方）、テンポアップすればフィンガーショット（指を使った打ち方）も取り入れていく。

R5打、L1打のストローク

手順がRRRRRL・LLLLLR。右手の5連打の後に左手が1打になる。連打はテンポがゆっくりのときはリストショット（手首が主体となる打ち方）、テンポアップすればフィンガーショット（指を使った打ち方）も取り入れていく。

3連符＝トリプレッツでのアクセントと休符

アクセントおよび休符の移行

■3連符のアクセント・休符の移行

ここでの3連符は4分の4拍子で1拍に対して3打入る音符だ。手順が1拍ごとに「右から」「左から」と入れ替わるので、ナチュラルな気持ちで打てるまで練習しよう。

3連符におけるアクセントの移行

3連符ということで3打のグルーピング。その「1打目」「2打目」「3打目」とアクセントをシフトしていこう。アクセントを強く叩いて強調するというより、アクセント以外の音量、スティックの高さを下げてメリハリをつけることが大切だ。スティックの振り方においては縦回転の「グラッドストーン」、横回転の「モーラーストローク」どちらでも問題ない。必ずフットワークはフェザーリング、口ではカウンティングを行うこと。

3連符における休符の移行

3連符ということで3打のグルーピング。その「1打目」「2打目」「3打目」と休符をシフトしていこう。スローテンポの時は休符の箇所で空振り（予動・ゴーストモーション）して、正確なタイムが取れるようにしよう。休符以外はフォルテで強くしっかりとプレイ。必ずフットワークはフェザーリング、口ではカウンティングを行うこと。

■16分音符のアクセント・休符の移行

ドラマーが、もっとも多用する16分音符。4分の4拍子で1拍に対して4打入る連符だ。よく使うフレーズだからこそ、16分音符が安定して打てるようにしっかり反復練習しよう。

16分音符におけるアクセントの移行

16分音符ということで1拍ごとに4打のグルーピング。その「1打目」「2打目」「3打目」「4打目」とアクセントをシフトしていこう。アクセントを強く叩いて強調するというより、アクセント以外の音量、スティックの高さを下げてメリハリをつけることが大切だ。スティックの振り方においては縦回転の「グラッドストーン」、横回転の「モーラーストローク」どちらでも問題ない。必ずフットワークはフェザーリング、口ではカウンティングを行うこと。

16分音符における休符の移行

16分音符ということで1拍ごとに4打のグルーピング。その「1打目」「2打目」「3打目」「4打目」と休符をシフトしていこう。スローテンポの時は休符の箇所で空振り（予動・ゴーストモーション）して、正確なタイムが取れるようにしよう。休符以外はフォルテで強くしっかりとプレイ。必ずフットワークはフェザーリング、口ではカウンティングを行うこと。

> ■ナチュラル手順とオルタネート手順について
>
> **ナチュラル手順とは**
>
> 16分音符の音列の場合、すべての16分音符を「RLRL」とシングルストロークで打つことを基本に置き、休符は空振り（予動・ゴーストモーション）でタイミングを取る。休符で欠けた音符も含めてナチュラルに進行させる手順を指す。
>
> **オルタネート手順とは**
>
> どのような音列も、常に「RLRL」で実際に打ち、休符の箇所も空振り（予動・ゴーストモーション）せずに、実音のみを交互に繰り出していく手順を指す。

■16分音符の2連打のアクセント

16分音符の中で、アクセントを2打連続して入れてみよう。4打ずつのグルーピングの中で複数のアクセントを入れるには、基本になる16分音符の精度を特に上げてから練習しよう。

2連打のアクセントを移行

4打のグルーピングで「1、2打目」「2、3打目」「3、4打目」「4、1打目」という順番でシフトさせてみよう。音量的には「強・強・弱・弱」。スティックの振り方のフォームは「ダウン・ダウン・アップ・アップ」になる。サイドモーションのモーラーストロークにおいては「重心移動グリップ」のモーションがとても重要になる。映像を見てしっかりマスターしよう。

3連打のアクセントの移行

4打のグルーピングで「1、2、3打目」「2、3、4打目」「1、3、4打目」「4、1、2打目」という順番でシフトさせてみよう。4打中、3打がアクセントという音列では、3打のアクセントをフォルテで演奏し、ラストの1打は力を抜いてゴーストノートを打ち、同時にスティックをアップさせる動きになる。

■16分音符のドラッグの移行

ドラマーの多用する１６分音符。その、あらゆる部分にドラッグをつけてみよう。ドラッグの奏法は単純にダブルストロークであり、ルーディメンツを演奏する上で不可欠な技術だ。

16分音符のドラッグの移行1

１６分音符ということで１拍ごとに４打のグルーピング。「１打目」「２打目」「３打目」「４打目」とドラッグしたショットをシフトしていこう。ドラッグとは片手で２連打する装飾音符。２打ともリスト打ちするのではなく「ショット＆スクイーズ」。つまりリショットしてバウンドしてきたスティックを、素早くフィンガーで絞って打ち落とし２打発音させる奏法だ。これが連続したストロークを「ロール」と呼ぶ。ここでは前打音として弱く打つドラッグではなく、実音としてしっかり２打発音させよう。

16分音符のドラッグの移行2

２回連続でドラッグを行えば、４連打の発音となる。基本音４打のグルーピングで「１、２打目」「２、３打目」「３、４打目」「４、１打目」という順番でドラッグをつけてをシフトさせてみよう。この「ダブル・ダブル・シングル・シングル」の６連打は「６ストロークロール」とも呼ばれる。ここでの注意点は、ドラッグ以外のノートを大きく叩かない。むしろmpかmfくらいで、ドラッグが引き立つ演奏を心がけよう。

16分音符のドラッグの移行3

３回連続でドラッグを行えば、６連打の発音となる。基本音４打のグルーピングで「１、２、３打目」「２、３、４打目」「１、３、４打目」「１、２、４打目」という順番でドラッグをつけてをシフトさせてみよう。この「シングル・ダブル・ダブル・ダブル」の７連打は「７ストロークロール」とも呼ばれる。ここでの注意点は、ドラッグ以外のノートを大きく叩かない。むしろmpかmfくらいで、ドラッグが引き立つ演奏を心がけよう。

■16分音符のフラムの移行

ドラマーの多用する16分音符。その、あらゆる部分にフラムをつけてみよう。アクセントノートが単音なのに対して、フラムは「複音」で、左右の手をズラした音が「フラッ」と2打発音する。

譜面のフレーズを動画でチェック！

16分音符のフラムの移行1

3級 060 / 2級 080 / 1級 100

16分音符ということで1拍ごとに4打のグルーピング。「1打目」「2打目」「3打目」「4打目」とフラムを付けた音符をシフトしていこう。フラムとはメインノート（アクセントノート）の前打音として小さな音符（グレースノート）の付いた装飾音符だ。フラッ！と音が二重（複音）に聞こえるので「フラ打ち」とも呼ばれている。フォームとしては、アクセントの移動の時と変わらず、サイドモーションの「重心移動」グリップで行う。アクセントの直前に、逆の手をローポジションでグレースノート（ゴーストノート）をタップするのがコツだ。

16分音符のフラムの移行2

アクセントノートに2回連続でフラムを付けてみよう。基本音4打のグルーピングで「1、2打目」「2、3打目」「3、4打目」「4、1打目」という順番でフラムをつけてシフトさせてみよう。アクセントノートがハイポジションから打ちおろすのに対して、フラムはローポジションでタップすることを守るためには、瞬時に左右のストロークを入れ替える微妙なフィンガーコントロールが必要になるのだ。

16分音符のフラムの移行3

アクセントノートに3回連続でフラムを付けてみよう。基本音4打のグルーピングで「1、2、3打目」「2、3、4打目」「1、3、4打目」「1、2、4打目」という順番でフラムをつけてシフトさせてみよう。アクセントノートがハイポジションから打ちおろすのに対して、フラムはローポジションでタップすることを守るためには、瞬時に左右のストロークを入れ替える微妙なフィンガーコントロールが必要になるのだ。

■5連符のアクセント・休符の移行

5連符は奇数のタイミング（オッドタイム）であり、その中でアクセントや休符を移行させるのは高度なテクニックと言える。基本になる1拍の5連符をしっかりマスターしてから練習しよう。

5連符におけるアクセントの移行

3級 045　2級 050　1級 070

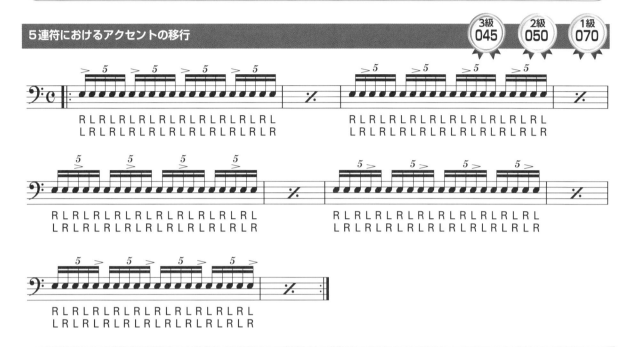

5連符ということで5打のグルーピング。その「1打目」「2打目」「3打目」「4打目」「5打目」とアクセントをシフトしていこう。アクセントを強く叩いて強調するというより、アクセント以外の音量、スティックの高さを下げてメリハリをつけることが大切だ。スティックの振り方においては縦回転の「グラッドストーン」、横回転の「モーラーストローク」どちらでも問題ない。必ずフットワークはフェザーリング、口ではカウンティングを行うこと。

5連符における休符の移行

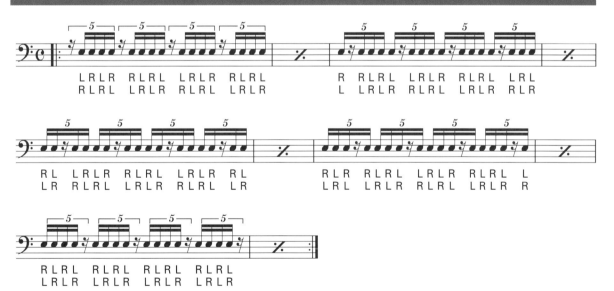

5連符ということで5打のグルーピング。その「1打目」「2打目」「3打目」「4打目」「5打目」と休符をシフトしていこう。スローテンポの時は休符の箇所で空振り（予動・ゴーストモーション）して、正確なタイムが取れるようにしよう。休符以外はフォルテで強くしっかりとプレイ。必ずフットワークはフェザーリング、口ではカウンティングを行うこと。

■5連符におけるアクセントの移行

1拍の5連符の中で、アクセントを2打連続して入れてみよう。5打ずつのグルーピングの中で複数のアクセントを入れるには、基本になる5連符の精度を特に上げてから練習しよう。

2連打のアクセントを移行

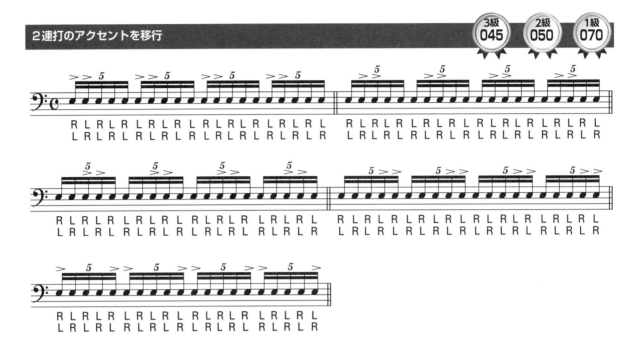

5打のグルーピングで「1、2打目」「2、3打目」「3、4打目」「4、5打目」「1、5打目」という順番でシフトさせてみよう。音量的には「強・強・弱・弱」。スティックの振り方のフォームは「ダウン・ダウン・アップ・アップ」になる。サイドモーションのモーラーストロークにおいては「重心移動グリップ」のモーションがとても重要になる。映像を見てしっかりマスターしよう。

3連打のアクセントの移行

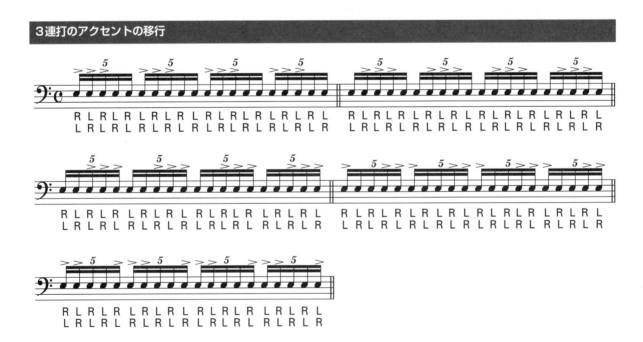

5打のグルーピングで「1、2、3打目」「2、3、4打目」「3、4、5打目」「1、4、5打目」「1、2、5打目」という順番でシフトさせてみよう。5打中、3打がアクセントという音列では、3打のアクセントをフォルテで演奏し、ラストの2打は力を抜いてゴーストノートを打ち、同時にスティックをアップさせる動きになる。

■5連符のドラッグの移行

1拍の5連符の中で、ドラッグを入れてみよう。5連符というオッドタイムのグルーピングの中でのドラッグの移動は、とても高度なテクニックだ。まず1拍ずつの5連符をマスターしてから練習しよう。

5連符におけるドラッグの移行

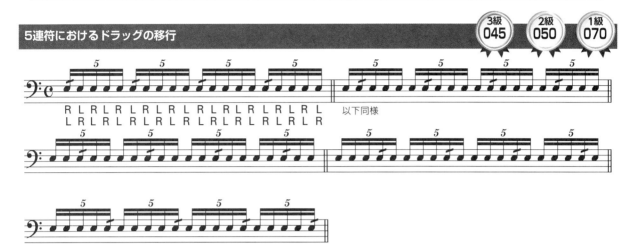

5連符ということで1拍ごとに5打のグルーピング。「1打目」「2打目」「3打目」「4打目」「5打目」とドラッグした音符をシフトしていこう。スティックの振り方のフォームについてはアクセントの移行に準じるが、基本音として打つ5連符を、mpもしくはmfくらいでキープする。ドラッグの箇所は、他のストロークと同じ高さで打つより、ほんの少しハイポジションから振り下ろすことで適度なリバウンドが得られる。

2連打のドラッグの移行

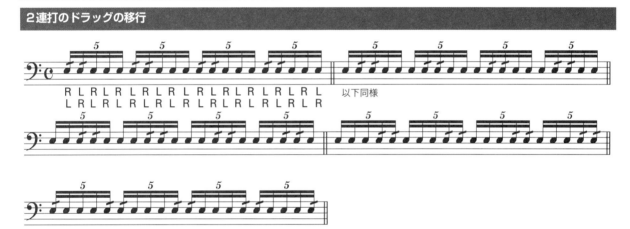

5打のグルーピングで「1、2打目」「2、3打目」「3、4打目」「4、5打目」「1、5打目」という順番でドラッグした音符をシフトさせてみよう。この場合も、基本音として打つ5連符を、mpもしくはmfくらいでキープする。ドラッグの箇所は、他のストロークと同じ高さで打つより、ほんの少しハイポジションから振り下ろすことで適度なリバウンドが得られる。

3連打のドラッグの移行

5打のグルーピングで「1、2、3打目」「2、3、4打目」「3、4、5打目」「1、4、5打目」「1、2、5打目」という順番でドラッグした音符をシフトさせてみよう。この場合も、基本音として打つ5連符を、mpもしくはmfくらいでキープする。ドラッグの箇所は、他のストロークと同じ高さで打つより、ほんの少しハイポジションから振り下ろすことで適度なリバウンドが得られる。

■6連符のアクセント・休符の移行

ドラマーが高速連打として多用する6連符。1拍に6打入るグルーピングの中で、アクセントや休符を移行してみよう。まずは基本になる6連符の精度を高めてから練習しよう。

6連符におけるアクセントの移行

6連符ということで6打のグルーピング。その「1打目」「2打目」「3打目」「4打目」「5打目」「6打目」とアクセントをシフトしていこう。アクセントを強く叩いて強調するというより、アクセント以外の音量、スティックの高さを下げてメリハリをつけることが大切だ。スティックの振り方においては縦回転の「グラッドストーン」、横回転の「モーラーストローク」どちらでも問題ない。必ずフットワークはフェザーリング、口ではカウンティングを行うこと。

6連符における休符の移行

6連符ということで5打のグルーピング。その「1打目」「2打目」「3打目」「4打目」「5打目」「6打目」と休符をシフトしていこう。スローテンポの時は休符の箇所で空振り（予動・ゴーストモーション）して、正確なタイムが取れるようにしよう。休符以外はフォルテで強くしっかりとプレイ。必ずフットワークはフェザーリング、口ではカウンティングを行うこと。

■6連符の2連打のアクセント

6連符の中で、アクセントを2打連続して入れてみよう。6打ずつのグルーピングの中で複数のアクセントを入れるには、基本になる6連符の精度を特に上げてから練習しよう。

2連打のアクセントの移行

3級 035　2級 040　1級 060

6打のグルーピングで「1、2打目」「2、3打目」「3、4打目」「4、5打目」「5、6打目」「1、6打目」という順番でシフトさせてみよう。スティックのモーションとしては「ダウン・ダウン・タップ・タップ・アップ・アップ」の6打になる。サイドモーションのモーラーストロークにおいては「重心移動グリップ」のモーションがとても重要になる。映像を見てしっかりマスターしよう。

3連打のアクセントの移行

6打のグルーピングで「1、2、3打目」「2、3、4打目」「3、4、5打目」「4、5、6打目」「1、5、6打目」「1、2、6打目」という順番でシフトさせてみよう。6打中、3打がアクセントという音列では、3打のアクセントをフォルテで演奏し、残りの3打は力を抜いてゴーストノートを打ち、ラストの2打でスティックをアップさせる動きになる。

■6連符のドラッグの移行

ドラマーの多用する6連符。その、あらゆる部分にドラッグをつけてみよう。ドラッグの奏法は単純にダブルストロークであり、ルーディメンツを演奏する上で不可欠な技術だ。

6連符のドラッグの移行

3級 035　2級 040　1級 060

6連符ということで1拍ごとに6打のグルーピング。「1打目」「2打目」「3打目」「4打目」「5打目」「6打目」とドラッグした音符をシフトしていこう。スティックの振り方のフォームについてはアクセントの移行に準じるが、基本音として打つ5連符を、mpもしくはmfくらいでキープする。ドラッグの箇所は、他のストロークと同じ高さで打つより、ほんの少しハイポジションから振り下ろすことで適度なリバウンドが得られる。

2連打のドラッグの移行

6打のグルーピングで「1、2打目」「2、3打目」「3、4打目」「4、5打目」「5、6打目」「1、6打目」という順番でドラッグした音符をシフトさせてみよう。この場合も、基本音として打つ6連符を、mpもしくはmfくらいでキープする。ドラッグの箇所は、他のストロークと同じ高さで打つより、ほんの少しハイポジションから振り下ろすことで適度なリバウンドが得られる。

■7連符のアクセント・休符の移行

7連符は奇数のタイミング（オッドタイム）であり、その中でアクセントや休符を移行させるのは高度なテクニックと言える。基本になる1拍の7連符をしっかりマスターしてから練習しよう。

7連符におけるアクセントの移行

7連符ということで7打のグルーピング。その「1打目」「2打目」「3打目」「4打目」「5打目」「6打目」「7打目」とアクセントをシフトしていこう。アクセントを強く叩いて強調するというより、アクセント以外の音量、スティックの高さを下げてメリハリをつけることが大切だ。スティックの振り方においては縦回転の「グラッドストーン」、横回転の「モーラーストローク」どちらでも問題ない。必ずフットワークはフェザーリング、口ではカウンティングを行うこと。

7連符における休符の移行

7連符ということで7打のグルーピング。その「1打目」「2打目」「3打目」「4打目」「5打目」「6打目」「7打目」と休符をシフトしていこう。スローテンポの時は休符の箇所で空振り（予動・ゴーストモーション）して、正確なタイムが取れるようにしよう。休符以外はフォルテで強くしっかりとプレイ。必ずフットワークはフェザーリング、口ではカウンティングを行うこと。

■7連符の2連打のアクセントを移行

1拍の7連符の中で、アクセントを2打連続して入れてみよう。7打ずつのグルーピングの中で複数のアクセントを入れるには、基本になる7連符の精度を特に上げてから練習しよう。

譜面のフレーズを動画でチェック！

2連打のアクセントを移行

3級 035 / 2級 040 / 1級 060

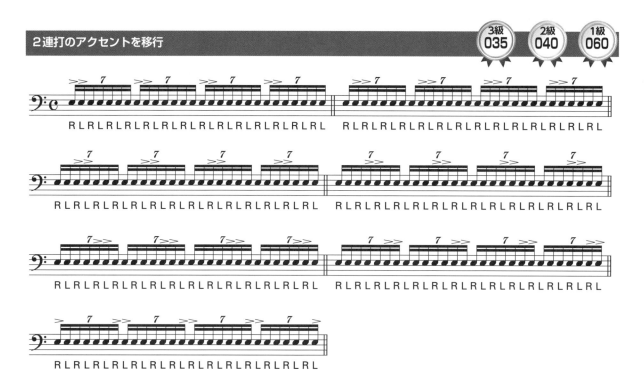

7打のグルーピングで「1、2打目」「2、3打目」「3、4打目」「4、5打目」「5、6打目」「6、7打目」「1、7打目」という順番でシフトさせてみよう。スティックのモーションとしては「ダウン・ダウン・タップ・タップ・タップ・アップ・アップ」の7連打になる。サイドモーションのモーラーストロークにおいては「重心移動グリップ」のモーションがとても重要になる。映像を見てしっかりマスターしよう。

3連打のアクセントの移行

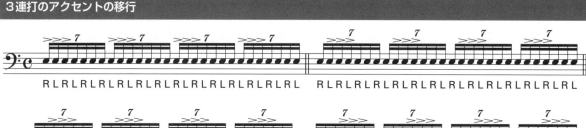

7打のグルーピングで「1、2、3打目」「2、3、4打目」「3、4、5打目」「4、5、6打目」「5、6、7打目」「1、6、7打目」「1、2、7打目」という順番でシフトさせてみよう。7打中、3打がアクセントという音列では、3打のアクセントをフォルテで演奏し、残りの4打は力を抜いてゴーストノートを打ち、ラストの2打でスティックをアップさせる動きになる。

■7連符のドラッグの移行

オッドタイムである7連符。その、あらゆる部分にドラッグをつけてみよう。ドラッグの奏法は単純にダブルストロークであり、ルーディメンツを演奏する上で不可欠な技術だ。

7連符のドラッグの移行

7連符ということで1拍ごとに7打のグルーピング。「1打目」「2打目」「3打目」「4打目」「5打目」「6打目」「7打目」とドラッグした音符をシフトしていこう。スティックの振り方のフォームについてはアクセントの移行に準じるが、基本音として打つ7連符を、mpもしくはmfくらいでキープする。ドラッグの箇所は、他のストロークと同じ高さで打つより、ほんの少しハイポジションから振り下ろすことで適度なリバウンドが得られる。

2連打のドラッグの移行

7打のグルーピングで「1、2打目」「2、3打目」「3、4打目」「4、5打目」「5、6打目」「6、7打目」「1、7打目」という順番でドラッグした音符をシフトさせてみよう。この場合も、基本音として打つ7連符を、mpもしくはmfくらいでキープする。ドラッグの箇所は、他のストロークと同じ高さで打つより、ほんの少しハイポジションから振り下ろすことで適度なリバウンドが得られる。

③ パラディドルのバリエーション

ドラミングに活用することで表現の幅がグンと広がる！

■シングル・パラディドルのバリエーション

交互に打つ音符（RL）（LR）を「パラ」。片手での2連打（RR）（LL）をディドルと呼ぶ。パラの数が1回、その後にディドルが1回という音形が「シングル・パラディドル」になる。

パラ・アクセント

パラディドルの「パラ」の部分2打ともにアクセントが付くシングル・パラディドルを演奏してみよう。モーションはパラ（RL）で「ダウン・ダウン」、ディドル（RR）は「タップ・タップ」という動きになるが、ディドルが開始されるタイミングで次のアクセントに向かう左手をゆっくりアップさせる。後半は、その逆でパラ（LR）で「ダウン・ダウン」、ディドル（LL）は「タップ・タップ」。その開始のポイントで次のアクセントに向かう右手をゆっくりアップさせよう。

ディドル・アクセント

パラディドルの「ディドル」の部分、2打ともにアクセントをつけて演奏してみよう。モーションは「アップ・タップ・ダウン（直後にアップ）・ダウン」という4連打。そして逆の手からも同じ動きで演奏する。ディドルの部分、片手の2連打にアクセントをつけるのは引力に逆らう動きなので、リスト（手首）の強さと瞬発力の両方が必要になる。

アクセントのオンビート・オフビート

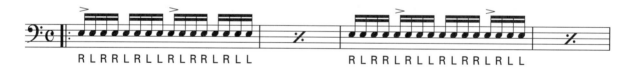

リズムには表のビート「オンビート」と裏のビート「オフビート」がある。4分音符を基本にしたときのオンビートは「1拍目、3拍目」、オフビートは「2拍目と4拍目」になる。手順はシングル・パラディドルをキープしたまま、アクセントの位置を「オンビート」「オフビート」とシフトしていき、そのあとは4分音符すべてにアクセントをつけた「オールビート」になる。

■ダブル・パラディドルのバリエーション

ダブル・パラディドルは交互に（RL）（LR）を打つ音符「パラ」が2回、片手での2連打（RR）（LL）を打つ「ディドル」が1回でRLRLRRもしくはLRLRLLとなる。

パラ・アクセント

パラディドルの「パラ」の部分4打ともにアクセントが付くダブル・パラディドルを演奏してみよう。モーションはパラ（RL）で「ダウン（直後にアップ）・ダウン（直後にアップ）・ダウン（直後にアップ）・ダウン（直後にアップ）」、ディドル（RR）は「タップ・タップ」という動きになるが、ディドルが開始されるタイミングで次のアクセントに向かう左手をゆっくりアップさせる。後半は、その逆でパラアクセントを2回（LRLR）、ディドル（LL）は「タップ・タップ」。その開始のポイントで次のアクセントに向かう右手をゆっくりアップさせよう。

ディドル・アクセント

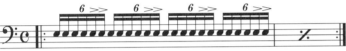

ダブル・パラディドルの「ディドル」の部分、2打ともにアクセントをつけて演奏してみよう。モーションは「タップ・タップ・アップ・タップ・ダウン（直後にアップ）・ダウン」という6連打。そして逆の手からも同じ動きで演奏する。ディドルの部分、片手の2連打にアクセントをつけるのは引力に逆らう動きなので、リスト（手首）の強さと瞬発力の両方が必要になる。

アクセントのオンビート・オフビート

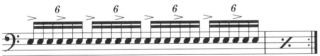

リズムには表のビート「オンビート」と裏のビート「オフビート」がある。8分音符を基本にしたときのオンビートは「1拍目、2拍目、3拍目、4拍目」つまり4分音符の頭。オフビートは「1拍目、2拍目、3拍目、4拍目の8分音符の裏拍」になる。手順はダブル・パラディドルをキープしたまま、アクセントの位置を「オンビート」「オフビート」とシフトしていき、そのあとは8分音符すべてにアクセントをつけた「オールビート」になる。

ダブル・アクセント

ダブル・パラディドルの6打のグルーピングに2回アクセントをつけてみよう。パラの2連続（RLRL）の表部分、つまり右手にアクセントをつけてみる。そしてディドルを挟んで、逆の手からのスタートになる。後半では、パラの2連続（RLRL）の裏部分、つまり左手にアクセントをつけてみる。そしてディドルを挟んで、逆の手からのスタートになる。

■トリプル・パラディドルのバリエーション

トリプル・パラディドルは、6音のシングルストロークのあとに1回のディドルで8音パターン。
通常では1打目にアクセントがつく。

パラ・アクセント

R L R L R L R R L R L R L R L L

パラディドルの「パラ」の部分6打ともにアクセントが付くトリプル・パラディドルを演奏してみよう。モーションはパラ（RL）で「ダウン（直後にアップ）・ダウン（直後にアップ）・ダウン（直後にアップ）・ダウン（直後にアップ）ダウン（直後にアップ）・ダウン（直後にアップ）」、ディドル（RR）は「タップ・タップ」という動きになるが、ディドルが開始されるタイミングで次のアクセントに向かう左手をゆっくりアップさせる。後半は、その逆でパラアクセントを3回（LRLRLR）、ディドル（LL）は「タップ・タップ」。その開始のポイントで次のアクセントに向かう右手をゆっくりアップさせよう。

ディドル・アクセント

R L R L R L R R L R L R L R L L

ダブル・パラディドルの「ディドル」の部分、2打ともにアクセントをつけて演奏してみよう。モーションは「タップ・タップ・タップ・タップ・アップ・タップ・ダウン（直後にアップ）・ダウン」という6連打。そして逆の手からも同じ動きで演奏する。ディドルの部分、片手の2連打にアクセントをつけるのは引力に逆らう動きなので、リスト（手首）の強さと瞬発力の両方が必要になる。

アクセントのオンビート・オフビート

R L R L R L R R L R L R L R L L　　　R L R L R L R R L R L R L R L L

R L R L R L R R L R L R L R L L

4分音符を基本にしたときのオンビートは「1拍目、3拍目」、オフビートは「2拍目と4拍目」になる。手順はトリプル・パラディドルをキープしたまま、アクセントの位置を「オンビート」「オフビート」とシフトしていき、そのあとは4分音符すべてにアクセントをつけた「オールビート」になる。

トリプル・アクセント

R L R L R L R R L R L R L R L L　　　R L R L R L R R L R L R L R L L

トリプル・パラディドルの8打のグルーピングに3回アクセントをつけてみよう。パラの3連続（RLRLR）の表部分、つまり右手にアクセントをつけてみる。そしてディドルを挟んで、逆の手からのスタートになる。後半では、パラの3連続（RLRLR）の裏部分、つまり左手にアクセントをつけてみる。そしてディドルを挟んで、逆の手からのスタートになる。

トリプレットパラディドル（パラ・トリプレット）

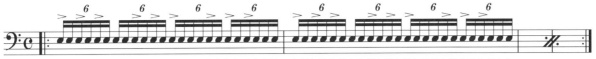

3連符や3拍子系のグルーヴを「トリプレット」「トリプレッツ」と呼ぶ。ここでは、6連符の音列にトリプル・パラディドルを当てはめた「パラ・トリプレッツ」を演奏してみよう。

■トリプレット・パラディドル（パラ・トリプレット）

3連符＝「トリプレット」の音形に対してパラディドルを当てはめた演奏を「トリプレット・パラディドル」と呼び、略名を「パラトリプレット」「パラトリプレッツ」と呼ぶ。

トリプレット・シングル・パラディドル

3連符にシングル・パラディドルを当てはめたフレーズだ。3連符の4分割の音形となり、手順は「RLRR・LRLL」という8打。フレーズの解決は2小節になる。ここでは、両足のフェザーリングと音声に出してのカウンティングは必須だ。

トリプレット・ダブル・パラディドル

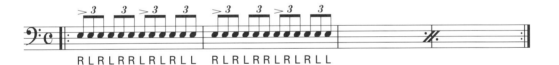

3連符にダブル・パラディドルを当てはめたフレーズだ。3連符の6分割、つまり2拍ごとにアクセントが入る音形となる。手順は「RLRLRR・LRLRLL」という6＋6の12打で。フレーズ全体の解決は1小節になる。ここでは、両足のフェザーリングと音声に出してのカウンティングは必須だ。

トリプレット・トリプル・パラディドル

3連符にトリプル・パラディドルを当てはめたフレーズだ。3連符の8分割の音形となり、手順は「RLRLRLRR・LRLRLRLL」という8＋8の16打。フレーズ全体の解決は4小節になる。ここでは、両足のフェザーリングと音声に出してのカウンティングは必須だ。

パラ・トリプレットの移行

2小節ごとに「トリプレット・シングル・パラディドル」「トリプレット・ダブル・パラディドル」「トリプレット・トリプル・パラディドル」を続けて演奏してみよう。ここからは左手からのスタートで「トリプレット・シングル・パラディドル」「トリプレット・ダブル・パラディドル」「トリプレット・トリプル・パラディドル」。6小節でアクセントが解決するが、フレーズ全体の解決は12小節になる。

■パラディドルの応用

同じ種類、あるいは違う種類のパラディドルを、決めた音形に当てはめて演奏してみよう。ここではシングル・パラディドルとダブル・パラディドルとトリプル・パラディドルを題材にしている。

ダブル・ダブル・シングル・パラディドル

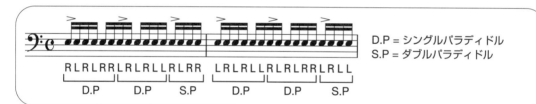

3連符の基本音の中に「ダブル・パラディドル」「ダブル・パラディドル」「シングル・パラディドル」を当てはめてみよう。6打、6打、4打というグルーピングになりアクセントは4小節で解決。後半は左手から「ダブル・パラディドル」「ダブル・パラディドル」「シングル・パラディドル」と続き、フレーズ全体の解決は8小節になる。

ダブル・ダブル・シングル・パラディドル（アクセレーション）

16分音符の基本音の中に「ダブル・パラディドル」「ダブル・パラディドル」「シングル・パラディドル」を当てはめてみよう。フレーズの解決は2小節。さらにこれを繰り返した後に前出の3連符6打、6打、4打というグルーピングでチェンジダウン。後半は左手から16分音符でチェンジアップ。「ダブル・パラディドル」「ダブル・パラディドル」「シングル・パラディドル」を2回行い3連符にチェンジダウン。フレーズ全体の解決は16小節になる。

■パラ・パラディドル

「パラ」の後に「パラディドル」が付く音形。と言っても「ダブル・パラディドル」という解釈ではなく「パラ」と「パラディドル」が連結されているという考え方だ。

パラ・ストレート・パラディドル

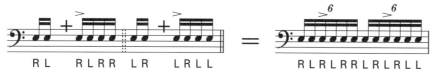

「パラ（RL）」の後に「ストレート・パラディドル（RLRR）」が連結された6連符。パラはノーアクセントで、パラディドルの頭にはアクセントをつけること（6連符の3打目）。そして、そこから逆の手順となり「パラ（LR）」+「パラディドル（LRLL）」という形になる。

パラ・ディレイド・パラディドル

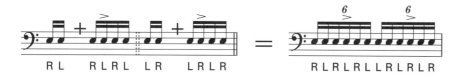

「パラ（RL）」の後に「ディレイド・パラディドル（RLRL）」が連結された6連符。パラはノーアクセントで、ディレイド・パラディドルの2打目にはアクセントをつけること（6連符の4打目）。そして、そこから逆の手順となり「パラ（LR）」+「ディレイド・パラディドル（LRLR）」という形になる。

パラ・リバース・パラディドル

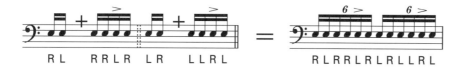

「パラ（RL）」の後に「リバース・パラディドル（RRLR）」が連結された6連符。パラはノーアクセントで、リバース・パラディドルの3打目にはアクセントをつけること（6連符の5打目）。そして、そこから逆の手順となり「パラ（LR）」+「リバース・パラディドル（LLRL）」という形になる。

パラ・インワード・パラディドル

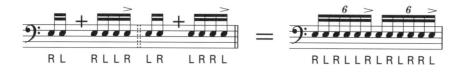

「パラ（RL）」の後に「インワード・パラディドル（RLLR）」が連結された6連符。パラはノーアクセントで、インワード・パラディドルの4打目にはアクセントをつけること（6連符の6打目）。そして、そこから逆の手順となり「パラ（LR）」+「インワード・パラディドル（LRRL）」という形になる。

■パラ・パラディドルのアクセレーション

ダブル・パラディドルは交互に（RL）（LR）を打つ音符「パラ」が2回、片手での2連打（RR）（LL）を打つ「ディドル」が1回でRLRLRRもしくはLRLRLLとなる。

譜面のフレーズを動画でチェック！

パラ・ストレート・パラディドル

3級 060　2級 080　1級 120

まず4分の3拍子の8分音符にパラ・ストレート・パラディドルを当てはめてみよう。音形は1小節、手順は2小節で解決する。さらに2小節繰り返したのち、後半は16分音符にパラ・ストレート・パラディドルを当てはめる。つまり倍のテンポにアクセレーションした状態だ。音形は1小節、手順は1小節で解決する。さらに2小節繰り返したのちにリピートし8分音符に戻す。

パラ・ディレイド・パラディドル

まず4分の3拍子の8分音符にパラ・ディレイド・パラディドルを当てはめてみよう。音形は1小節、手順は2小節で解決する。さらに2小節繰り返したのち、後半は16分音符にパラ・ディレイド・パラディドルを当てはめる。つまり倍のテンポにアクセレーションした状態だ。音形は1小節、手順は1小節で解決する。さらに2小節繰り返したのちにリピートし8分音符に戻す。

パラ・リバース・パラディドル

まず4分の3拍子の8分音符にパラ・リバース・パラディドルを当てはめてみよう。音形は1小節、手順は2小節で解決する。さらに2小節繰り返したのち、後半は16分音符にパラ・リバース・パラディドルを当てはめる。つまり倍のテンポにアクセレーションした状態だ。音形は1小節、手順は1小節で解決する。さらに2小節繰り返したのちにリピートし8分音符に戻す。

パラ・インワード・パラディドル

まず4分の3拍子の8分音符にパラ・インワード・パラディドルを当てはめてみよう。音形は1小節、手順は2小節で解決する。さらに2小節繰り返したのち、後半は16分音符にパラ・インワード・パラディドルを当てはめる。つまり倍のテンポにアクセレーションした状態だ。音形は1小節、手順は1小節で解決する。さらに2小節繰り返したのちにリピートし8分音符に戻す。

 練習に活用することで演奏の幅がグンと広がる！
チェンジアップ

■チェンジアップ

チェンジアップは「アクセレーションコントロール」とも呼ばれ、車のアクセルの踏み加減で速度（ここでは音数）が増減するイメージ。1拍に対して、さまざまな音数の音符を当てはめる。

シングル・ストローク

4分音符〜8分音符〜3連符〜16分音符〜5連符〜6連符〜7連符〜32分音符とチェンジアップしてみよう。手順はシングル・ストローク。常に交互に左右の手を繰り出す「オルタネート手順」で演奏すること。

ダブル・ストローク

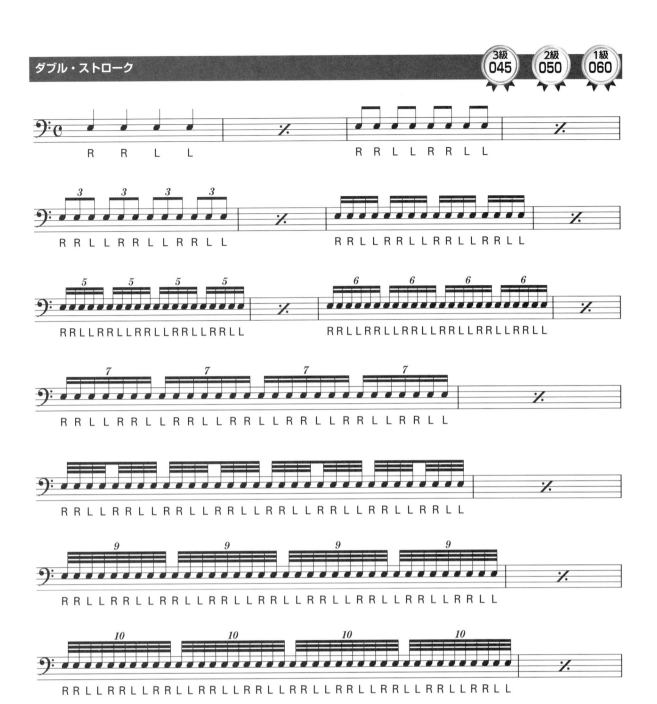

4分音符～8分音符～3連符～16分音符～5連符～6連符～7連符～32分音符～9連符～10連符とチェンジアップしてみよう。手順はダブル・ストローク（RRLL）で演奏すること。4分音符～8分音符では1打ずつリストで打ち、3連符～16分音符～と、動きが高速になってくれば、ショット＆スクイーズ。フィンガーを使ったダブル・ストロークに切り替えていく。

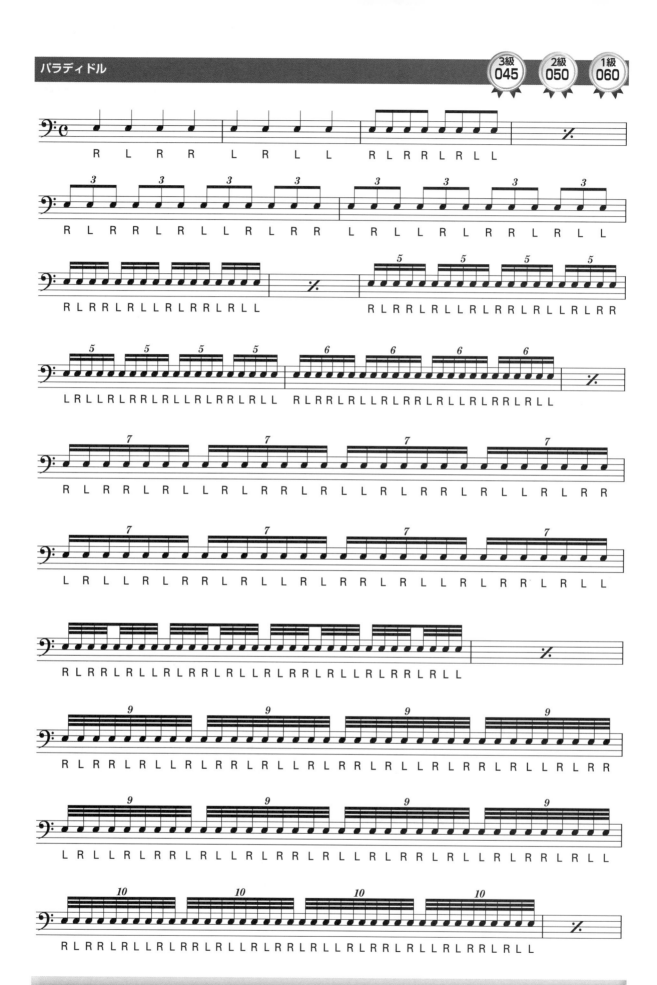

パーフェクト・チェンジアップ

全音符〜2分音符〜4拍3連〜4分音符〜4拍5連〜2拍3連〜4拍7連〜8分音符〜4拍9連〜2拍5連〜4拍11連〜3連符〜4拍13連〜2拍7連〜4拍15連〜16分音符〜2拍9連〜5連符〜2拍11連〜6連符〜2拍13連〜7連符〜2拍15連〜32分音符とチェンジアップしてみよう。つまり1小節という大きな単位の中で1、2、3、4、5、6、7、8、9、10、11、12、13、14、15、16というパーフェクトなチェンジアップになる。

■アクセントの移行とチェンジアップ

「アクセントの移行」と「チェンジアップ」を同時に行うエクササイズだ。4打のグルーピングの中で、アクセントを1打ずつ後ろにシフトしてみよう。

アクセントの移行とチェンジアップ1

3級 070 / 2級 120 / 1級 150

4分音符の4音のグルーピングの中でアクセントを1打目、2打目、3打目、4打目とシフトしていこう。そして8分音符でも4打のグルーピングとしてアクセントを1打目、2打目、3打目、4打目にシフトする。さらに3連符でも4打のグルーピングとして、アクセントを1打目、2打目、3打目、4打目にシフト。ラストに16分音符のグルーピングの中でも4打のグルーピングとしてアクセントを1打目、2打目、3打目、4打目にシフトする。

アクセントの移行とチェンジアップ2

「アクセントの移行」と「チェンジアップ」を同時に行うという効率のよいエクササイズだ。4分音符の4打のグルーピング。最初の音符にアクセントをつけよう。そして8分音符の4打のグルーピングにおいても同じく、最初の音符にアクセントをつける。3連符も4打のグルーピングとして1打目にアクセント。16分音符も4打のグルーピングとして1打目にアクセント。そこから、ふたたび4分音符にリセットして、次は4打のグルーピングで2打目にアクセントをつける。4分音符〜8分音符〜3連符〜16分音符と展開したのち、ふたたび4分音符にリセットして、4打のグルーピングで3打目にアクセントをつけてチェンジアップの展開。ラストも4分音符にリセットして、4打目にアクセントをつける展開になる。

■休符の移行とチェンジアップ

「休符の移行」と「チェンジアップ」を同時に行うエクササイズだ。4打のグルーピングの中で、休符を1つずつ後ろにシフトしてみよう。

譜面のフレーズを動画でチェック！

休符の移行とチェンジアップ 1

3級 070 / 2級 120 / 1級 150

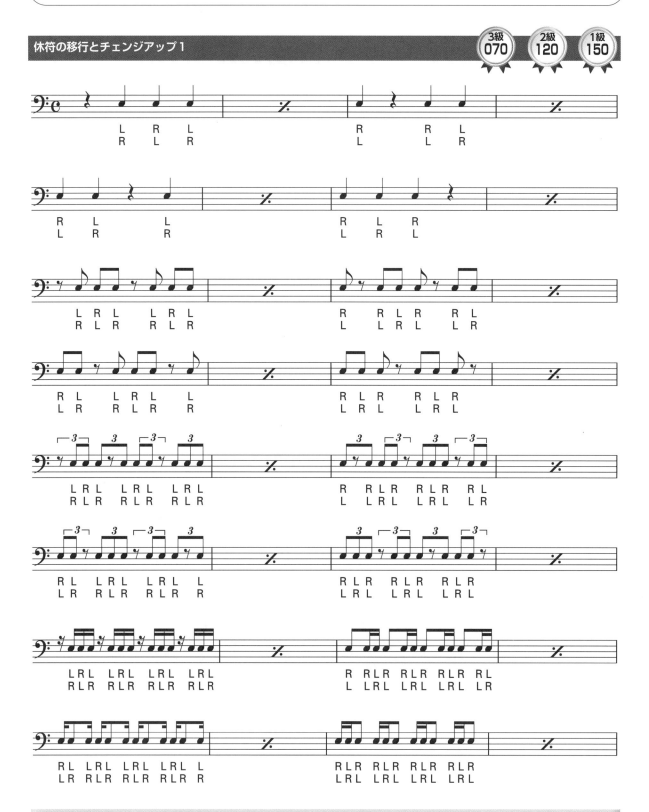

4分音符の4音のグルーピングの中で休符を1打目、2打目、3打目、4打目とシフトしていこう。そして8分音符でも4打のグルーピングとして休符を1打目、2打目、3打目、4打目にシフトする。さらに3連符でも4打のグルーピングとして、休符を1打目、2打目、3打目、4打目にシフト。ラストに16分音符のグルーピングの中でも4打のグルーピングとして休符を1打目、2打目、3打目、4打目にシフトする。

休符の移行とチェンジアップ２

「休符の移行」と「チェンジアップ」を同時に行うという効率のよいエクササイズだ。４分音符の４打のグルーピング。最初の音符を休符にしよう。そして８分音符の４打のグルーピングにおいても同じく、最初の音符を休符にする。３連符も４打のグルーピングとして１打目を休符に。１６分音符も４打のグルーピングとして１打目を休符に。そこから、ふたたび４分音符にリセットして、次は４打のグルーピングで２打目を休符にする。４分音符〜８分音符〜３連符〜１６分音符と展開したのち、ふたたび４分音符にリセットして、４打のグルーピングで３打目を休符にし、チェンジアップする展開。ラストも４分音符にリセットして、４打目を休符にする展開になる。

■チェンジアップの応用

8分音符〜3連符〜16分音符のチェンジアップの応用エクササイズだ。手順を3分割したり、表拍や裏拍にアクセントを付けて演奏してみよう。

スリー・ストローク（3分割するチェンジアップ）

4分の3拍子を基本の拍子にして、8分音符〜3連符〜16分音符とチェンジアップしてみよう。「RRR・LLL」の3ストロークの手順を割りつけて演奏するが、8分音符では手順ごとに3拍2連の音価になる。3連符では手順は2拍で解決。3回行うとちょうど2小節になる。16分音符においては、手順ごとに3拍4連の音価になる。

ダブル・ストローク（2分割のアクセント・オンビート）

ダブル・ストローク（RR・LL）の頭のノートにアクセント。つまり「強弱・強弱」の4音をチェンジアップさせてみよう。8分音符では4音（RR・LL）のグルーピングが4回で2小節、3連符では4音（RR・LL）のグルーピングが3回で2小節。16分音符では4音（RR・LL）のグルーピングが8回で2小節になる。

ダブル・ストローク（2分割のアクセント・オフビート）

ダブル・ストローク（RR・LL）の裏のノートにアクセント。つまり「弱強・弱強」の4音をチェンジアップさせてみよう。8分音符では4音（RR・LL）のグルーピングが4回で2小節、3連符では4音（RR・LL）のグルーピングが3回で2小節。16分音符では4音（RR・LL）のグルーピングが8回で2小節になる。

■シングル・パラディドルのアクセント・アクセレーション

パラディドルの基本となるシングル・パラディドル。その展開系の4種類「シングル・パラディドル」「ディレイド・パラディドル」「インワード・パラディドル」「リバース・パラディドル」をチェンジアップさせてみよう。

シングル・パラディドル

シングルパラディドル（RLRR・LRLL）の手順でチェンジアップ。8分音符〜3連符〜16分音符の順でチェンジアップしてみよう。8分音符でパラディドルを行う場合はアクセントは2拍ずつ、手順全体は1小節で解決する。3連符では前出の「パラトリプレット」同様、アクセントは4打ごとに打ち、手順全体は2小節で解決する。16分音符でも4打ごとにアクセントをつけ、手順全体は2拍ごとに解決する。

ディレイド・パラディドル

ディレイド・パラディドル（RLRL・LRLR）の手順でチェンジアップ。8分音符〜3連符〜16分音符の順でチェンジアップしてみよう。8分音符でパラディドルを行う場合はアクセントは2拍ずつ、手順全体は1小節で解決する。3連符では前出の「パラトリプレット」同様、アクセントは4打ごとに打ち、手順全体は2小節で解決する。16分音符でも4打ごとにアクセントをつけ、手順全体は2拍ごとに解決する。

リバース・パラディドル

リバース・パラディドル（RRLR・LLRL）の手順でチェンジアップ。8分音符〜3連符〜16分音符の順でチェンジアップしてみよう。8分音符でパラディドルを行う場合はアクセントは2拍ずつ、手順全体は1小節で解決する。3連符では前出の「パラトリプレット」同様、アクセントは4打ごとに打ち、手順全体は2小節で解決する。16分音符でも4打ごとにアクセントをつけ、手順全体は2拍ごとに解決する。

インワード・パラディドル

インワード・パラディドル（RLLR・LRRL）の手順でチェンジアップ。8分音符〜3連符〜16分音符の順でチェンジアップしてみよう。8分音符でパラディドルを行う場合はアクセントは2拍ずつ、手順全体は1小節で解決する。3連符では前出の「パラトリプレット」同様、アクセントは4打ごとに打ち、手順全体は2小節で解決する。16分音符でも4打ごとにアクセントをつけ、手順全体は2拍ごとに解決する。

■ダブルアクセントのアクセレーション

4打のグルーピングで頭の2打にアクセントを付けてみよう。

ダブルアクセントのアクセレーション

4打のグルーピングで頭の2打にアクセントを付けてみよう。音量は「強・強・弱・弱」シングル・ストロークの場合のモーションは「ダウン・ダウン・アップ・アップ」になる。まず16分音符の4つ割りで演奏したのち、3連符の4つ割りにチェンジダウン。ここから、アクセントは2打目と3打目にシフトし、音量は「弱・強・強・弱」。同じく16分音符から3連符へのチェンジダウンを行う。続いてアクセントは3打目と4打目、音量は「弱・弱・強・強」となり、ラストは1打目と4打目、音量は「強・弱・弱・強」になる。

5 連符の分割

練習に活用することで演奏の幅がグンと広がる！

■連符の分割1

3連符や5連符の奇数連符を、2打あるいは4打の偶数で分割してみよう。シングルストローク、ダブルストローク、パラディドルでの分割にもトライしよう。

3連符の2分割

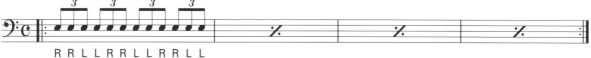

3連符を2分割。つまりダブル・ストロークで演奏してみよう。1拍ごとに分けると「RRL・LRR・LLR・RLL」という手順になり1小節で解決する。ここでは常に足でフェザーリングを行い、口で音声に出してカウンティングすることが特に重要になる。

3連符の4分割

3連符を4分割。つまりフォー・ストロークで演奏してみよう。1拍ごとに分けると「RRR・RLL・LLR・RRR・LLL・LRR・RRL・LLL」という手順になり、2小節で解決する。ここでは常に足でフェザーリングを行い、口で音声に出してカウンティングすることが特に重要になる。

応用1

基本の音形を3連符として、1小節ごとにシングル・ストローク〜ダブル・ストローク〜トリプル・ストローク〜フォース・ストロークと、片手の打数を増やしていく。アクセント自体は4小節で解決する。ここから手順は逆になり、左手からスタートしてシングル・ストローク〜ダブル・ストローク〜トリプル・ストローク〜フォース・ストロークを行う。手順全体の解決は8小節になる。

応用2

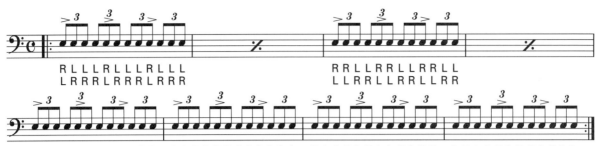

3連符の4分割フレーズ、つまり3連符の音形で4打ごとにアクセントが入るフレーズだ。まずは「RLLL」の4打を3連符にはめてみる。3連符は1小節が12打あるため、4つ割りのフレーズが3回行える。次にダブル・ストロークによる4分割。「RRLL」の最初の音にアクセントをつけること。そしてフォース・ストロークで手順の解決は2小節。ラストのパラ・トリプレットでも手順の解決は2小節になる。リピートして、手順は左からのスタートになり、同じ展開を演奏してみよう。

5連符の4分割

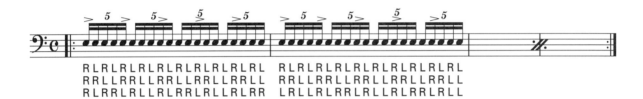

4分の4拍子で5連符を演奏するが、4打ごとにアクセントをつけてみよう。5連符は1小節に20打あるため、4つ割りのフレーズが5回行える。つまりアクセントの部分はイーブンな4拍5連になるのだ。ここでは3種類の手順。シングル・ストローク〜ダブル・ストローク〜パラディドルの順に展開して行こう。

7連符の4分割

3級 060 2級 080 1級 100

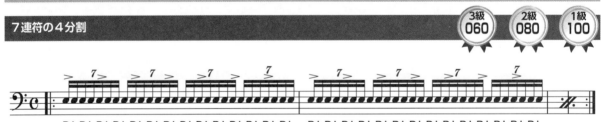

4分の4拍子で7連符を演奏するが、4打ごとにアクセントをつけてみよう。7連符は1小節に28打あるため、4つ割りのフレーズが7回行える。つまりアクセントの部分はイーブンな4拍7連になるのだ。ここでは3種類の手順。シングル・ストローク〜ダブル・ストローク〜パラディドルの順に展開して行こう。

■連符の分割2

16分音符の偶数連符を5打、あるいは7打の奇数で分割してみよう。アクセントによる分割、休符による分割など、さまざまなバリエーションにもトライしよう。

アクセントによる5分割

3級 060 ／ 2級 080 ／ 1級 120

基本の音形を16分音符として、5打ごとにアクセントをつけてみよう。この「16分音符の5分割フレーズ」のアクセントは5小節で解決する。ここでは常に足でフェザーリングを行い、口で音声に出してカウンティングすることが特に重要になる。

休符による5分割

基本の音形を16分音符として、5打ごとに休符を入れてみよう。この「16分音符の5分割フレーズ」のアクセントは5小節で解決する。ここでは常に足でフェザーリングを行い、口で音声に出してカウンティングすることが特に重要になる。

アクセントが2打入る5分割

基本の音形を16分音符として、5分割のフレーズになるが、5打のグルーピングの中で「強・弱・強・弱・弱」というアクセントが2打入る5連打になる。手順はシングル・ストロークとコンパウンド・スティッキングの「5C(RLRLL)」で行う。(次ページ参照)

アクセントが2打入る7分割

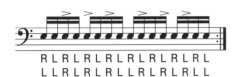

基本の音形を16分音符として、7分割のフレーズになるが、7打のグルーピングの中で「強・弱・強・弱・強・弱・弱」というアクセントが2打入る7連打になる。手順はシングルストロークとコンパウンド・スティッキングの「7E(RLRLRLL)」で行う。

■コンパウンド・スティッキングとは

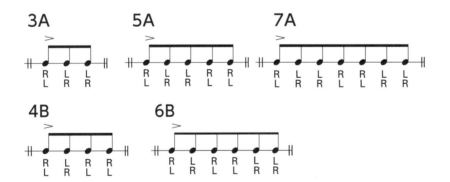

コンパウンド・スティッキングとは、シングルストロークの打数をアルファベットで表し、グルーピング全体の打数を数字で表す。つまりグループ「A」においてはシングル・ストロークが1打「R」あるいは「L」の最小の単位。そこから先はダブル・ストロークで埋めていくというシステムだ。「RLL」「LRR」は「3A」となり、さらに音数を増やしていくと「RLLRR」「LRRLL」が「5A」になる。「RLLRRLL」「LRRLLRR」が「7A」ということになる。グループ「B」においてはシングル・ストロークが2打ということで「RL」「LR」。そのあとにダブル・ストロークで埋めていく。その最小の単位は「RLRR」「LRLL」のシングルパラディドルで、呼び名は「4B」。さらにダブル・ストロークを足していけば「RLRRLL」「LRLLRR」のパラディドル・ディドルで、呼び名は「6B」となる。要するに「A」「C」「E」「G」〜のグループはトリップレッツからオッドタイム（奇数）のグルーピングになり「B」「D」「F」「H」〜のグループは偶数のグルーピングになる。

■連符の分割3

5連符、7連符の奇数連符を、3打の奇数で分割してみよう。3連符の奇数連符を、5打の奇数でも分割してみよう。奇数連符を奇数で分割することは高度なテクニックだ。

5連符の3分割（for drum set）

3級 055　2級 070　1級 100

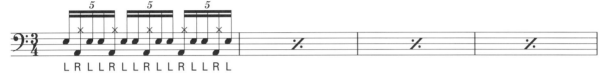

基本の拍子を4分の3拍子とし、5連符の3分割フレーズを演奏してみよう。手順の「RLL」は「パラプレッツ」とも呼ばれるが、コンパウンド・スティッキングでは「3A」に当たる。3打ごとのフレーズの始まりはイーブンな3拍5連になる。ここではドラムセットに応用して、3連打の頭をハイハット＋バスドラムで打ち、左手のスネアドラム2打で埋めていく形だ。そして、スタートポイントを16分音符1打分後ろにシフトしたディレイドのスタート。さらに16分音符1打分、後ろにシフトした3種のスタートを行う。

5連符の3分割（アクセント）

前出のフレーズと同一のアプローチだが、ここではアクセントをつけてのアプローチを演奏してみよう。

7連符の3分割（アクセント）

3級 045　2級 060　1級 090

基本の拍子を4分の3拍子とし、アクセントをつけた7連符の3分割フレーズを演奏してみよう。手順は7連符に「RLL」を割り付ける。3打ごとのアクセントの位置は、イーブンな3拍7連になる。

3連符の5分割　アクセント

基本の拍子を4分の4拍子とし、アクセントをつけた3連符の5分割フレーズを演奏してみよう。手順はシングル・ストローク、次に「5C」のコンパウンド・スティッキングで行う事。

3連符の5分割　休符

基本の拍子を4分の4拍子とし、休符を入れた3連符の5分割フレーズを演奏してみよう。手順はシングル・ストロークのナチュラル手順で、スローテンポにおいては休符の箇所は空振り（予動・ゴーストモーション）を入れて演奏する。

3連符の5分割　ワンハンド

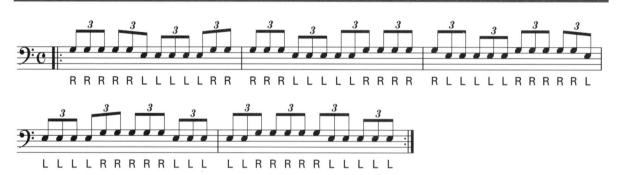

基本の拍子を4分の4拍子とし、3連符の5分割フレーズを演奏してみよう。手順はワンハンドで5打ずつ打ち分ける。右手はタムタム、左手はスネアドラムで打ち分けてみよう。

練習に活用することで演奏の幅がグンと広がる！
ドラッグ・トリプレッツ

■ドラッグ・トリプレッツ1

3連符におけるアクセントの移動をベーシックに、アクセント部分をドラッグで演奏してみよう。アクセント付きのドラッグで2打しっかり発音させよう。

譜面のフレーズを動画でチェック！

ドラッグ・トリプレッツa

3連符の3打ずつのグルーピングで、最初の音にドラッグをつけてみよう。前打音の装飾音符としてのドラッグではなく、2打ともアクセントで発音させるドラッグ。しっかりとショット&スクイーズを行い、音量が減らないようにする。アクセントを生かすために、それ以外の音はローポジションで弱く打ってメリハリをつける。

ドラッグ・トリプレッツb

アクセントを1打後ろにシフトした音形。3連符の3打ずつのグルーピングで、2番目の音にドラッグをつけてみよう。こういったアクセントを移行させるエクササイズでは、フットワークのフェザーリング、音声を出してのカウンティングが、とても重要だ。

ドラッグ・トリプレッツc

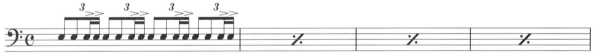

さらにアクセントを1打後ろにシフトした音形。3連符の3打ずつのグルーピングで、3番目の音にドラッグをつけてみよう。こういったアクセントを移行させるエクササイズでは、フットワークのフェザーリング、音声を出してのカウンティングが、とても重要だ。

ドラッグ・トリプレッツ応用

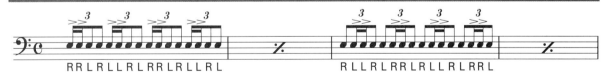

前出のアクセント・ドラッグの譜例「a、b、c」を2小節ずつ連続して演奏してみよう。アクセントは3分の1拍ずつ後ろにシフトしていく。フレーズ全体の解決は6小節になる。

■ドラッグ・トリプレッツ2

3連符における2打のアクセントの移動をベーシックに、アクセント以外の部分をドラッグで演奏してみよう。ここでのドラッグは装飾音符の扱いで、弱い飾り打ちになる。

ドラッグ・トリプレッツa

3連符の3打ずつのグルーピングで、1打目、2打目にアクセントをつけてみよう。3打目はスティックをアップさせる高さを抑えて、ローポジションでドラッグをつける。次にアクセントは2打目、3打目にシフトし、1打目にドラッグをつける。ラストは1打目、3打目がアクセントになり、真ん中の音がドラッグになる。前出の譜例a,b,cではドラッグにアクセントをつけたのに対して、アクセント以外にドラッグをつけるという真逆の動きになっている。

ドラッグ・トリプレッツb

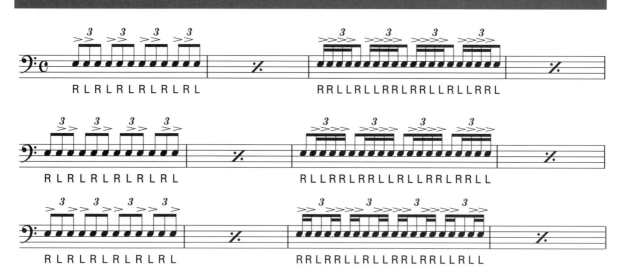

アクセントは前フレーズ時に準じて、まず1打目、2打目になる。ここでは、そのアクセント箇所をドラッグで演奏する。3打目はアップさせる高さを抑えてローポジションでタップ。次にアクセントは2打目、3打目にシフトしドラッグで演奏、1打目はローポジションでタップ。ラストは1打目、3打目のアクセントがドラッグになり、真ん中の音がタップになる。

練習に活用することで演奏の幅がグンと広がる！
3拍フレーズ

■3拍フレーズ1

シングルストロークの5連打＝「シングルストローク5」、シングルストロークの7連打＝「シングルストローク7」を3拍フレーズとして演奏してみよう。

5ストローク

まずシングル・ストロークの5連打のチェックパターン「16分音符＋4分音符」を演奏する。3小節目からタイミングを縮めて「16分音符＋8分音符」つまり1拍半フレーズ（3拍フレーズ）で演奏する。ノーアクセント〜オンビートのアクセント〜オフビートのアクセントの3種類を演奏してみよう。

7ストローク

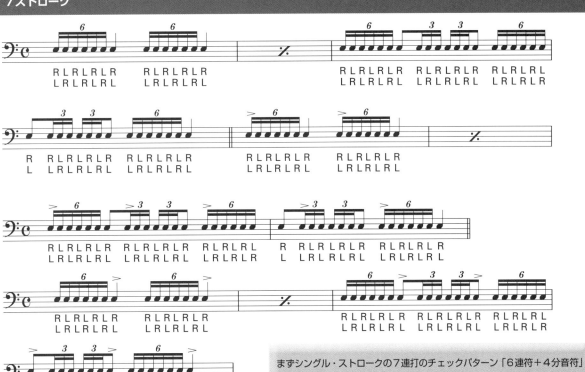

まずシングル・ストロークの7連打のチェックパターン「6連符＋4分音符」を演奏する。3小節目からタイミングを縮めて「6連符＋8分音符」つまり1拍半フレーズ（3拍フレーズ）で演奏する。ノーアクセント〜オンビートのアクセント〜オフビートのアクセントの3種類を演奏してみよう。

■3拍フレーズ2

シングルパラディドルやダブルパラディドル、パラブレッツを使って構築した3拍フレーズを演奏してみよう。アクセント以外の音量を下げてメリハリをつけよう。

3拍フレーズa

アクセントから始まるパラディドル（8分音符）＋1打（4分音符）。「RLRRL」という3拍フレーズを2回行い、パラディドル「RLRR」で2小節の解決。

3拍フレーズb

パラディドル（8分音符）＋1打（4分音符）の最後の1打にアクセントが来るオフビートのパターン。音形は1と同じだ。

3拍フレーズc

ダブル・パラディドル「RLRLRR・LRLRLL（8分音符）」＋シングル・パラディドル「RLRR・LRLL（16分音符）」になる。

3拍フレーズd

パラブレッツ「RLL（8分音符）」を2回行いシングル・パラディドル「RLRR（16分音符）」に連結。次の小節では左手からのスタートで同じ音形を演奏する。

3拍フレーズe

パラブレッツ「RLL（3連符）」を3回行い、4拍目はシングル・ストローク「RLR（3連符）」。次の小節では左手からのスタートで同じ音形を演奏する。

練習に活用することで演奏の幅がグンと広がる！
手足のインディペンデンス

■手足のインディペンデンス

手足を絡めたインディペンデンス（手足の独立）。16分音符や3連符の中で、手足のさまざまなバリエーションにトライしよう。まずは同時打ちのボースで音を点にまとめよう。

ボース

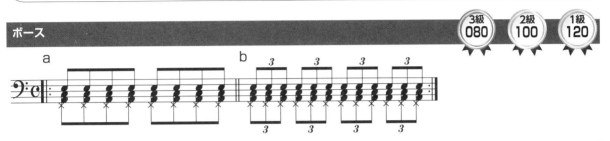

右手でフロアタム、左手でスネアドラム、右足でバスドラム、左足でハイハット。四肢すべてを同時に打つ「ボース」を演奏しよう。「a」では8分音符、そしてチェンジアップし「b」では3連符を演奏してみよう。

シングル

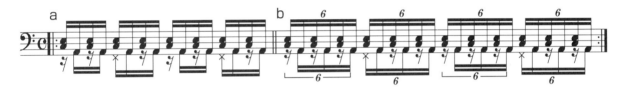

右手でフロアタム、左手でスネアドラム、右足でバスドラム、左足でハイハット。手足を絡めた16分音符「a」から、6連符「b」にチェンジアップしてみよう。

手と足の分離

右手でフロアタム、左手でスネアドラム、右足でバスドラム、左足でハイハット。手足を絡めた16分音符、右手で8分音符「a」〜左手で8分音符「b」〜右手、左手を交互に8分音符「c」で演奏してみよう。

足と手の分離

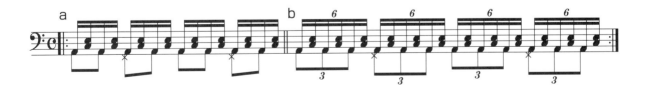

「シングル」の足からスタートするバージョン。手足を絡めた16分音符になるが、足から始まり、16分音符の裏ビートを両手で打ち「a」、6連符にチェンジアップしてみよう。

足と両手の分離

「手足の分離」の足からスタートするバージョン。手足を絡めた16分音符になるが、足から始まり、16分音符の裏ビートを右手「a」〜左手「b」〜右手、左手を交互に演奏してみよう。

ダブル

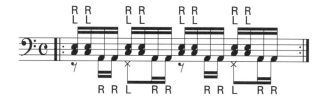

両手で2打、右足で2打という手足のダブル・ストロークだ。足のダブルアクションはミディアムテンポまでは1打ずつしっかりと踏み、高速時においてはスライド奏法やスイベル奏法などのテクニックも身につければ楽に踏めるだろう。

両手のシングルと足のダブル

前出の「ダブル」では頭の2打を両手で同時打ちしていたが、ここでは右手・左手で打ち分けてみよう。右手・左手・右足・右足の4連打ということで、より高速での演奏が可能になるだろう。

足のダブルと両手のボース

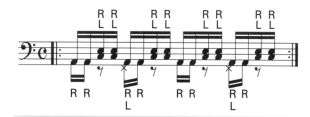

「ダブル」の足からスタートするバージョン。右足が2打に続いて両手の同時打ちで2打というコンビネーションだ。足のダブルアクションはミディアムテンポまでは1打ずつしっかりと踏み、高速時においてはスライド奏法やスイベル奏法などのテクニックも身につければ楽に踏めるだろう。

足のダブルと手のシングル

「両手のシングルと足のダブル」の足からスタートするバージョン。右足は引き続きダブルアクションで踏み、上半身は右手・左手で打ち分けてみよう。右足・右足・右手・左手の4連打ということで、より高速での演奏が可能になるだろう。

トリプル

手足を絡めた3連符だ。右手でフロアタム、左手でスネアドラム、右足でバスドラム、左足でハイハット。両手で3連符を打ち、右足の3連符と続けてみよう。両手の同時打ちは、なるべくズレないようにジャストに、右足の3連符もタイトなトリプルアクションで踏んでみよう。

手と足のトリプル打ち

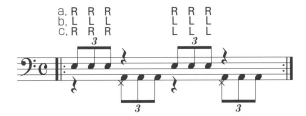

手足を絡めた3連符。まずは手からスタートする。a.は右手「RRR（3連符）」b.は左手「LLL（3連符）」c.は右手から左手「RRR・LLL（3連符）」。2拍目と4拍目は足のダブルアクションになる。

足のトリプルと両手のボース

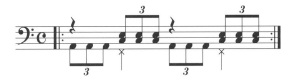

手足を絡めた3連符。足からスタートするバージョンだ。2拍目と4拍目は両手の同時打ちで3連符を打つ。左右の手が、なるべくズレないようにジャストに演奏しよう。

足のトリプルと手のトリプル

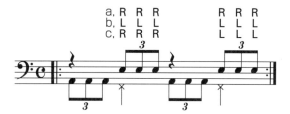

手足を絡めた3連符。足からスタートするバージョンだ。2拍目と4拍目は3種類の手順で叩いてみよう。a,は右手「RRR（3連符）」b,は左手「LLL（3連符）」c,は右手から左手「RRR・LLL（3連符）」になる。

フォース

手足を絡めたコンビネーションだ。4連打で1拍ずつのグルーピングとして考え、いろんなバリエーションを演奏してみよう。手が4打「RLRL」、足が4打「RLRL」の上下ともに均等な打数のアプローチ。

手の4連打と足の12連打

1拍目の4連打は両手で、以降の3拍は両足で演奏しよう。

手の8連打と足の8連打

16分音符の8打（2拍）を上半身で、後半の16分音符の8打（2拍）を両足で演奏しよう。

手の12連打と足の4連打

最初の3拍を両手で、残り1拍は両足で演奏しよう。

ビート・パターン・テーブル

一般的なビートのパターンを演奏してみよう。

■8ビート・パターン・テーブル

楽曲を演奏する上で、多くの割合をしめるリズムは「8ビート」と「16ビート」だ。ここでは、特に使用頻度の高いパターンを演奏してみよう。

8ビート・パターン・テーブル

(各小節4回リピート)

一般的な8ビートのパターンを演奏してみよう。[1]は1拍目と3拍目のみにバスドラムが来るプレーンなパターン。[2]はバスドラムが4分音符になり、その昔では「ディスコ・ビート」とも呼ばれたパターンだ。4分音符が手足の重複箇所になるが、リズムがバラけないように、しっかりと同時に打とう。[3]〜[10]もポピュラーな8ビートのパターンだ。

ダウンビート・パターン

(各小節4回リピート)

スネアドラムを4分音符で打つ8ビート[11][12]はポップスミュージックでは、とてもポピュラーなパターンだ。バスドラムをスネアの裏拍に正確に踏めるように練習しよう。

■16ビート・パターン・テーブル

一般的な16ビートのパターンを演奏してみよう。

一般的な16ビートのパターンを演奏してみよう。「1」「2」は4分音符の強拍のバスドラムに、16分音符1つ分手前から連打でアプローチするパターンだ。「3」〜「8」は2拍目のスネアのバックビートを打った直後、16分音符1つ分後ろにバスドラムを踏むパターンだ。「9」〜「26」はポップスからフュージョンでも、比較的よく登場するリズムパターンになっている。

シェイク・パターン

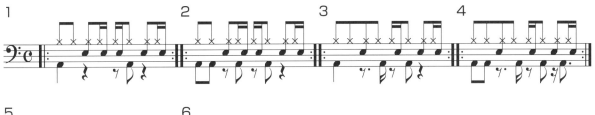

8ビートに16分音符のニュアンスを加える時に、左手のバックビート（2拍目、4拍目のスネア）に絡めた16分音符のゴーストノート（あるいは同じ音量）のスネアをトッピングしたパターンを「シェイク」と呼ぶ。「1」「2」は8ビートが基本になる一般的な「シェイク」だ。「3」～「6」はバスドラムにも16分音符の動きが入り、16ビートとも言えるだろう。

ビジーハンド・パターン

ハイハットの16分音符によって表現する16ビートのパターンを「ビジーハンド」と呼ぶ。この場合はスティックのチップで16分音符を刻むのか、ショルダーで16分音符を刻むのかで大きくニュアンスが違うが、どちらが正解というものではない。好みに応じて演奏しよう。「1」「2」はハイハットは16分音符、バスドラムは8分音符系のパターン。「3」「4」はハイハット、バスドラムともに16分音符の表現になっている。

スカンク・ビート

通常の8ビートの倍のフィールを感じる「スカンク・ビート」。「1」はバスドラムが4分音符。スネアが8分音符の裏拍にくる「アップ・ビートのパターン」から、スネアを4分音符で打ち、バスドラムが8分音符の裏にくる「ダウン・ビートのパターン」になっている。「2」はバスドラムが16分音符。ツーバス、およびツインペダルで16分音符を踏んだバージョンだ。

メタル・ビート

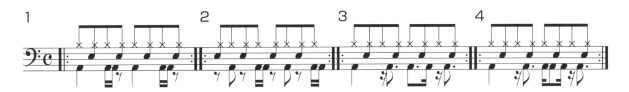

スカンクビートを基本に、バスドラムで16分音符のダブルアクションを踏んだり、シフトしたりするパターンだ。やはりアップ・ビートのパターンとダウン・ビートのパターンを演奏してみよう。

ブラスト・ビート

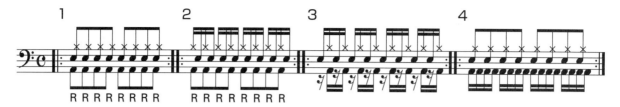

4種類のブラストビートを演奏してみよう。まずは右足と両手が同時打ちになる「ハンマー・ブラスト」から16分音符を手足で絡める「トラディショナル・ブラスト」の足から出るバージョン、続いて手から出るバージョン。ラストは両手を8分音符で打ち、バスドラムは16分音符で踏んでみよう。

■ハイハット・バリエーション1

リズムを演奏する上で「バスドラム」「スネアドラム」そして「ハイハット」の3点は特に重要なポジションをしめる。そのハイハットのさまざまなバリエーションにトライしよう。

譜面のフレーズを動画でチェック!

ハイハット・バリエーションa

1拍に1ノートのハイハット・バリエーションだ。基本ビートをバスドラムとスネアドラムの4分音符とし、ハイハットの動きは、まず4分音符で始まり、16分1打ずつ後ろに移行してみよう。

ハイハット・バリエーションb

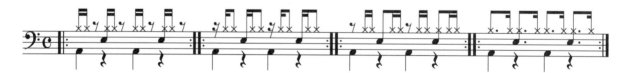

1拍に2ノートのハイハット・バリエーションだ。ハイハットの動きは、まず16分音符の4つのグルーピングで「1、2」「2、3」「3、4」「1、4」の部分に打つ形になっている。

ハイハット・バリエーションc

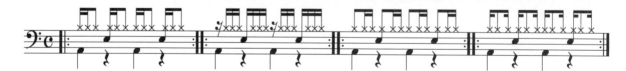

1拍に3ノートのハイハット・バリエーションだ。ハイハットの動きは、まず16分音符の4つのグルーピングで「1、2、3」「2、3、4」「1、3、4」「1、2、4」の部分に打つ形になっている。

ハイハット・バリエーション d

基本ビートをバスドラムとスネアドラムの4分音符とし、ハイハットの動きは8分音符。その中でアクセントは4分音符〜8分音符の裏拍〜8分音符すべてになる。

ハイハット・バリエーション e

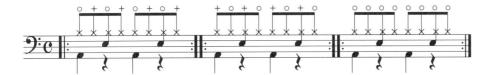

基本ビートをバスドラムとスネアドラムの4分音符とし、ハイハットの動きは8分音符。その中でオープンさせる部分は4分音符（直後の8分音符の裏拍で閉じる）〜8分音符の裏拍にオープン（4分音符の表拍で閉じる）〜8分音符すべてがハーフ・オープンになる。

ハイハット・バリエーション f

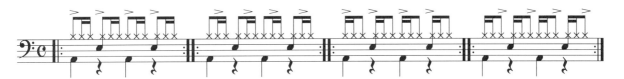

基本ビートをバスドラムとスネアドラムの4分音符とし、ハイハットの動きはレガート「チッチキ（R・RR）」で演奏。アクセントを4分音符で入れ、次に8分音符の裏拍に移行する。次にレガートの音形は「チキチッ（RLR・）」となり、ハイハットのアクセントは4分音符〜8分音符の裏拍へと移行する。

ハイハット・バリエーション g

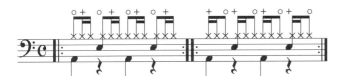

基本ビートをバスドラムとスネアドラムの4分音符とし、ハイハットの動きはレガート「チーチキ（R・RR）」で演奏。4分音符でオープン、8分音符の裏拍で閉じる。次にレガートの音形は「チキチー（RLR・）」となり、8分音符の裏拍でオープン。4分音符で閉じてみよう。

■ハイハット・バリエーション2

前出のハイハット・バリエーション1のハイハット・パターンで、基本ビートをバスドラムの16ビート（譜例のパターン）にしてみよう。スネアドラムは2拍目、4拍目に打つ。

ハイハット・バリエーションa

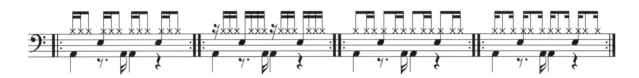

ハイハット・バリエーションb

ハイハット・バリエーションc

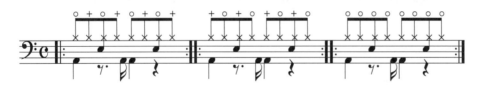

ハイハット・バリエーションd

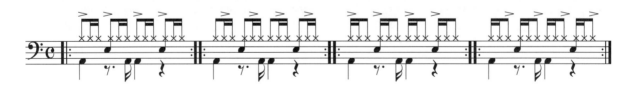

ハイハット・バリエーションe

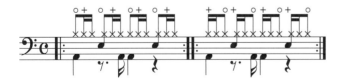

■ハイハット・バリエーション3

前出ハイハット・バリエーション2のハイハット・パターンで、基本ビートをバスドラムの16ビート（譜例のパターン）にしてみよう。スネアドラムは2拍目、4拍目に打つ。

ハイハット・バリエーションa

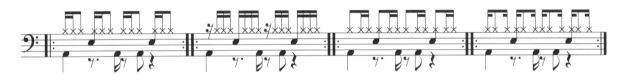

ハイハット・バリエーションb

ハイハット・バリエーションc

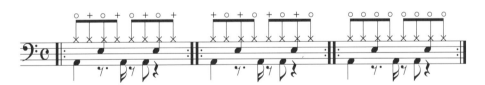

ハイハット・バリエーションd

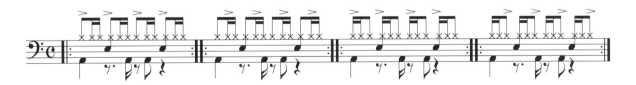

ハイハット・バリエーションe

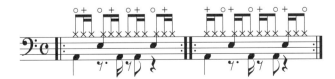

■バスドラム・バリエーション

バスドラムにおける演奏バリエーション。

バスドラム・バリエーション

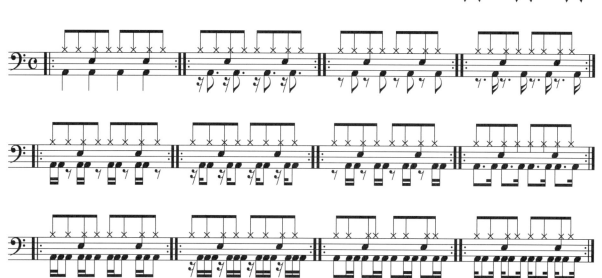

1拍に1ノートのバスドラム・バリエーションだ。ハイハットとスネアドラムで8ビートのパターンをキープしつつ、バスドラムのパターンは、まず4分音符で始まり、16分1打ずつ後ろに移行してみよう。次に2ノートのシフトパターンを行うが、まず16分音符の4つのグルーピングで「1、2」「2、3」「3、4」「1、4」の部分にバスドラムを踏む形になっている。ラストは3ノートのシフトパターン。16分音符の4つのグルーピングで「1、2、3」「2、3、4」「1、3、4」「1、2、4」の部分にバスドラムを踏む形になっている。

ハーフ・ビート

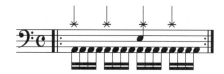

ツインペダル、もしくは2バスで16分音符をキープしつつ、上半身は「ハーフ・ビート」を演奏してみよう。ハーフ・ビートとは、半分のテンポに感じるフィール。つまり、ノーマルなビートが2拍目、4拍目にスネアドラムの「バックビート」を打つことを基本にすれば、ハーフ・ビートでは3拍目にスネアを打つ。

ノーマル・ビート

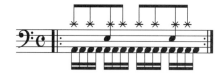

ツインペダル、もしくは2バスで16分音符をキープしつつ、上半身は「ノーマル・ビート」を演奏してみよう。ノーマル・ビートでは2拍目、4拍目にスネアドラムの「バックビート」を打つ。

ダブル・ビート

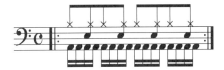

ツインペダル、もしくは2バスで16分音符をキープしつつ、上半身は「ダブル・ビート」を演奏してみよう。ダブル・ビートとは、倍のテンポに感じるフィール。ノーマルなビートが2拍目、4拍目にスネアドラムの「バック・ビート」を打つことを基本にすれば、ダブル・ビートでは8分音符の裏拍にスネアを打つ。

■ジェームス・ブラウンビート

J・B（ジェームス・ブラウン）のサウンドにおけるリズムの歴史が、ソウルやファンクのビートの元になっていると言われるほど画期的なリズムパターンを生み出してきたジェームス・ブラウンの作品。その代表的なパターンをいくつか紹介しよう。

ジェームス・ブラウンビート1-1

スネアドラムでゴーストノートを絡めた16ビート。今回の記譜ではアクセントノート以外をゴーストノートで演奏する。ハイハットを8分音符で打ち、バスドラムは譜例の2パターンを演奏してみよう。

ジェームス・ブラウンビート1-2

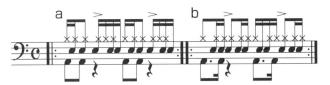

1-1のハイハットのパターンをレガートa「チキチッ（RLR・）」で演奏。次にb「チッチキ（R・RR）」でも演奏してみよう。

ジェームス・ブラウンビート2-1

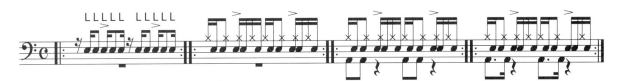

「1」に類似した別のパターンだ。スネアドラムでゴーストノートを絡めた16ビート。今回の記譜ではアクセントノート以外をゴーストノートで演奏する。ハイハットを8分音符で打ち、バスドラムは譜例の2パターンを演奏してみよう。

ジェームス・ブラウンビート2-2

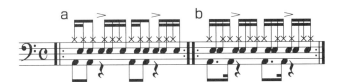

ハイハットのパターンをレガートa「チキチッ（RLR・）」で演奏。次にb「チッチキ（R・RR）」でも演奏してみよう。

ジェームス・ブラウンビート3

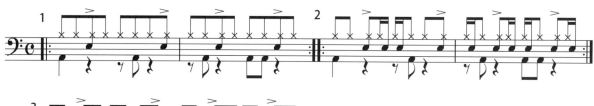

このパターンは「コールド・スウェット」という楽曲でのアプローチとしても有名なパターンだ。「2」ではスネアドラムの16分音符のゴーストノートも絡めて、さらにリズミックなアプローチだ。「3」においてはバスドラムでも16分音符を絡めたトリッキーなパターンになっている。こういった手足の重複箇所の多いパターンは、とても重厚なリズムが作れるので是非トライしてみよう。

■リニア・リズム（8ビート）

通常の8ビートなどではバスドラムとハイハットが同時に鳴らされていたり、ハイハットとスネアドラムが同時に打たれていたりするが、「リニア・リズム」の概念としては「重複箇所がない」というもの。すべての楽器をセパレート（単体）で鳴らすというコンセプトになっている。

譜面のフレーズを動画でチェック！

リニア・リズム（8ビート）1

3級 090　2級 110　1級 130

バスドラムとスネアドラムで、交互に打つ4分音符。そこに8分音符の裏拍にあたるハイハットが織り込まれている。

リニア・リズム（8ビート）2

リニアリズム（8ビート）3

リニア・リズム（8ビート）4

リニア・リズム（8ビート）5

「2」〜「5」は一般的な8ビートのパターンに聴こえるが、重複箇所をなくしたリニア・リズムになっている。前出のJ・Bのパターンでは重複箇所が多く重厚なサウンドだったが、リニアリズムにおいては、まったく真逆で非常にスッキリとしたサウンドになっている。

■リニア・リズム（16ビート）

さらに16ビートにおけるリニア・リズムも挑戦してみよう。

リニア・リズム（16ビート）1

リニア・リズム（16ビート）2

ハイハットは8分音符の裏拍に打ち、8ビート系になっているが、バスドラムによって16ビートにニュアンスを出したパターンだ。

リニア・リズム（16ビート）3

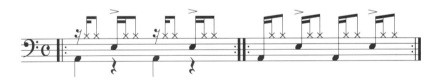

リニア・リズム（16ビート）4

リニア・リズム（16ビート）5

リニア・リズム（16ビート）6
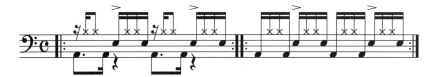

リニア・リズム（16ビート）7

リニア・リズム（16ビート）8

リニア・リズム（16ビート）9
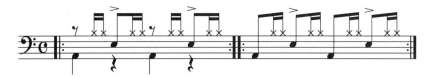

リニア・リズム（16ビート）10
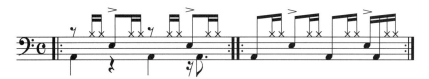

リニア・リズム（16ビート）11

リニア・リズム（16ビート）12

リニア・リズム（16ビート）13

リニア・リズム（16ビート）14

リニア・リズム（16ビート）15

リニア・リズム（16ビート）16

リニア・リズム（16ビート）17

リニア・リズム（16ビート）18

リニア・リズム（16ビート）19
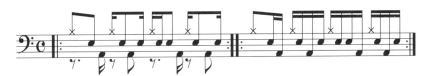

リニア・リズム（16ビート）20
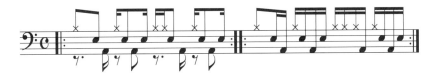

リニア・リズム（16ビート）21

リニア・リズム(16ビート)22

リニア・リズム(16ビート)23

「3」〜「23」はハイハット、スネアドラム、バスドラムの3点を16分音符で絡めて、うまく機能させたリニア・リズムだ。これだけ複雑なパターンでも、楽器自体がセパレートで鳴っているため、スッキリしたニュアンスになっている。19、20は、ラテン系のソンゴのリズムパターンをリニア・リズムで演奏した例。22、23では3拍目に右手がスネアドラムに移動するパターンだ。

■シャッフル・ビート

シャッフル・ビート は、連続した二つの音符のうち、最初の音符の長さを長めにとり、二つ目の音符を短くする。バウンスともいう。

シャッフル・ビート

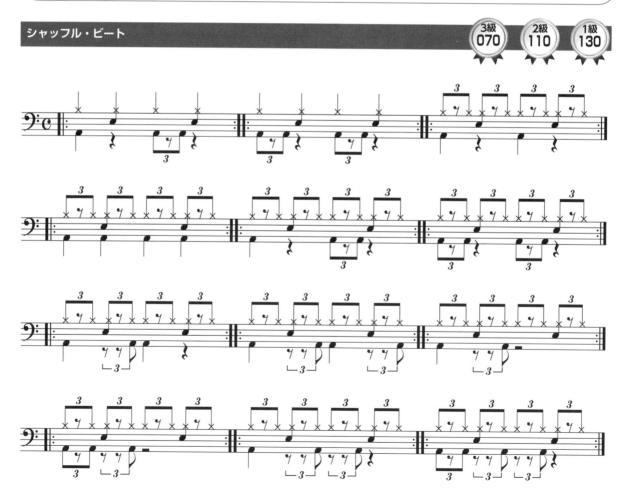

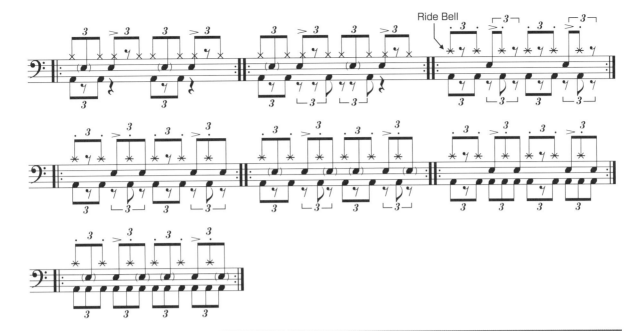

シカゴ・シャッフル

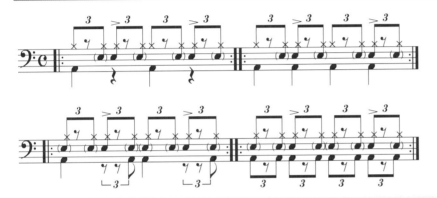

シカゴブルースに由来するシャッフル・ビートのパターンだ。バックビート（2拍目、4拍目のスネアドラム）の前後にもゴーストノートを打つシカゴ系のシャッフル・ビートを演奏してみよう。ラストはバスドラムまで同時にシャッフル・ビートを踏んでみよう。

ジグ・シャッフル

アイルランドのハンドドラム「バウロン（ボーラン）」の奏法に由来するシャッフルビートだ。基本的にはハイハットとスネアドラムで3連符を演奏し、バウロンでは短いバチで細かい装飾音符が出る箇所を、ドラッグ（片手のダブル）で表現する。

ハーフタイム・シャッフル

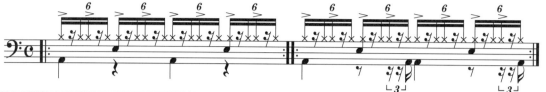

通常のシャッフル・ビートではハイハットは1拍に対して1回の3連符だが、ハーフタイム・シャッフルではテンポを半分に落として1拍に対して3連符が2回と解釈する。要するに「チッキチッキ」という6連符を毎拍打つパターンになっている。

ダブル・パラディドル

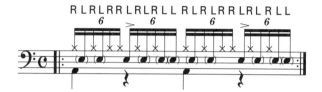

右手はハイハット、左手はスネアドラムでダブル・パラディドルを演奏してみよう。スネアドラムのアクセントは2拍目、4拍目のバックビートに入れて、あとの音符はすべてゴーストノートになる。

パラディドル・ディドル

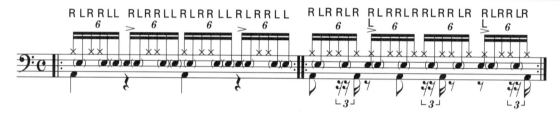

右手はハイハット、左手はスネアドラムでパラディドル・ディドルを演奏してみよう。スネアドラムのアクセントは2拍目、4拍目に入れるが、その時は手順的に右手をハイハットからスネアに移動させる。次のパターンの手順はダブル・パラディドルではなく「RLRRLR」の6連符。左手は1拍目、3拍目ではすべてゴーストノート、2拍目、4拍目ではアクセントを打った直後にゴーストノートになる。

■ジャズのアプローチ1

ジャズの基本的なパターンとしてはライドシンバルでのレガートがポイントになる。レガートとは楽典の記号としては「音をなるべくつなげて演奏する」という意味になるが、実奏的には譜例のシンバルのパターン「チーン・チッキ」をいかに正確に、いいグルーヴで打てるかを意識して練習しよう。

ジャズのアプローチ1a

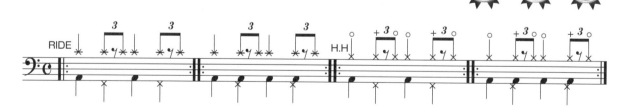

ライドシンバルでのレガートとハイハットで踏む2拍目、4拍目のバックビートを基本パターンとする。バスドラムは2分音符で2ビート(ツービート)、4分音符で4ビート(フォービート)を踏んでみよう。続いて、ハイハットシンバルのオープン、クローズを使った基本パターンも演奏してみよう。

ジャズのアプローチ1b

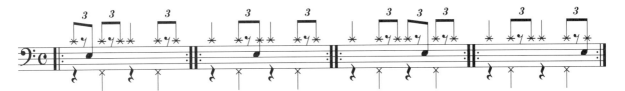

4ビートのパターンをキープしつつ、1拍目裏、2拍目裏、3拍目裏、4拍目裏にスネアを入れてみよう。こういったワンポイントのスネアのタップ、あるいはアクセントは演奏中に他のパートと合わせる以外にも、グルーヴ感を出す隠し味としても必要なテクニックと言える。

ジャズのアプローチ1c

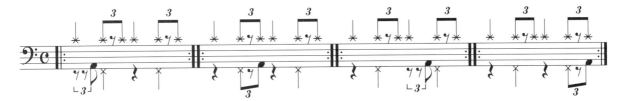

4ビートのパターンをキープしつつ、1拍目裏、2拍目裏、3拍目裏、4拍目裏にバスドラムを入れてみよう。

■ジャズのアプローチ2

さらにジャズのアプローチを深めていこう。

ジャズのアプローチ2a

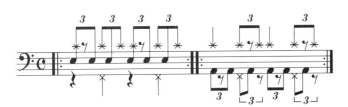

4ビートのパターンをキープしつつ、左手のスネアドラムで2拍3連「タンタ・ンタン」を入れてみよう。続いて、4ビートのパターンをキープしつつ、バスドラムで2拍3連を踏んでみよう。

ジャズのアプローチ2b

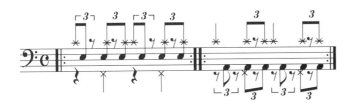

4ビートのパターンをキープしつつ、裏の2拍3連「ンタン・タンタ」を入れてみよう。続いて、4ビートのパターンをキープしつつ、バスドラムで裏の2拍3連を踏んでみよう。

ジャズのアプローチ2c

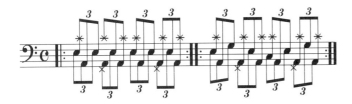

4ビートのパターンをキープしつつ、左手のスネアドラムと右足のバスドラムで3連符を演奏してみよう。さらに左手をスネアドラム～タムタム～スネアドラム～フロアタムの順で移動した3連符を演奏してみよう。

ジャズのアプローチ2d

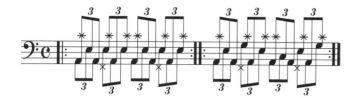

4ビートのパターンをキープしつつ、右足のバスドラムと左手のスネアドラムで3連符を演奏してみよう。さらに左手をスネアドラム〜タムタム〜スネアドラム〜フロアタムの順で移動した3連符を演奏してみよう。

■ジャズのアプローチ3

さらにジャズのアプローチを深めていこう。

ジャズのアプローチ3a

4ビートのパターンをキープしつつ、左手のスネアドラムで頭の音を抜いた3連符（ンタタ・ンタタ）を演奏してみよう。続いて、4ビートのパターンをキープしつつ、バスドラムで頭の音を抜いた3連符を演奏してみよう。その後、左手のスネアドラムで真ん中の音を抜いた3連符（タンタ・タンタ）そしてバスドラムで真ん中の音を抜いた3連符を演奏してみよう。

ジャズのアプローチ3b

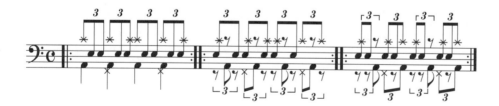

4ビートのパターンをキープしつつ、バスドラムとスネアドラムを絡めた3連符を演奏してみよう。まずはバスドラム・スネアドラム・スネアドラムの3連符（ドタタ・ドタタ）。続いて、スネアドラム・バスドラム・スネアドラム（タドタ・タドタ）。ララストはスネアドラム・スネアドラム・バスドラム（タタド・タタド）になる。

ジャズのアプローチ3c

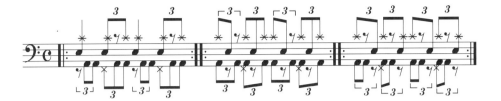

4ビートのパターンをキープしつつ、バスドラムとスネアドラムを絡めた3連符を演奏してみよう。まずはスネアドラム・バスドラム・バスドラムの3連符（タドド・タドド）。続いて、バスドラム・スネアドラム・バスドラム・（ドタド・ドタド）。ラストはバスドラム・バスドラム・スネアドラム（ドドタ・ドドタ）になる。

■ジャズのアプローチ4

さらにジャズのアプローチを深めていこう。

ジャズのアプローチ4a

4ビートのパターンをキープしつつ、スネアドラム2打、バスドラム2打のチェンジアップを演奏してみよう。4分音符～8分音符～3連符～16分音符のチェンジアップだ。「タタドド」の4打のグルーピングが4分音符では1回、8分音符では2回、3連符では3回、16分音符では4回演奏できる。シンバル・レガートの1拍目、3拍目にかかるタップは3連符系～16分音符系～3連符系、16分音符系にして手足のタイミングを一致させる。

ジャズのアプローチ4b

4ビートのパターンをキープしつつ、スネアドラム2打、バスドラム2打の6連符を演奏してみよう。シンバル・レガートの1拍目、3拍目にかかるタップは6連符の最後のノートとし、手足のタイミングを一致させる。

ジャズのアプローチ4c

4ビートのパターンをキープしつつ、スネアドラム2打、バスドラム2打の32分音符で演奏してみよう。シンバル・レガートの1拍目、3拍目にかかるタップは32分音符の最後のノートとし、手足のタイミングを一致させる。

第2章

スタンダード・ルーディメンツ 75

[10] 26 のスタンダード・ルーディメンツ
[11] 14 のスタンダード・ルーディメンツ

10 26 Standard Rudiments
２６のスタンダード・ルーディメンツ

マーチングのために開発されたスネアドラムの演奏法をドラム用語で「ルーディメンツ」と呼ぶ。アメリカの奏法、スイスの奏法、アイルランドの奏法の中から、もっとも基礎となる２６種類の奏法をアメリカの「N.A.R.D（National Association of Rudimental Drummers）」が２６種類に分類して定めたもの。それが２６のスタンダード・ルーディメンツである。ここではアクセントから始まるもの、アクセントをシフトしたもの、装飾音符から始まるものなど、さまざまな展開系まで紹介する。

譜面のフレーズを動画でチェック！

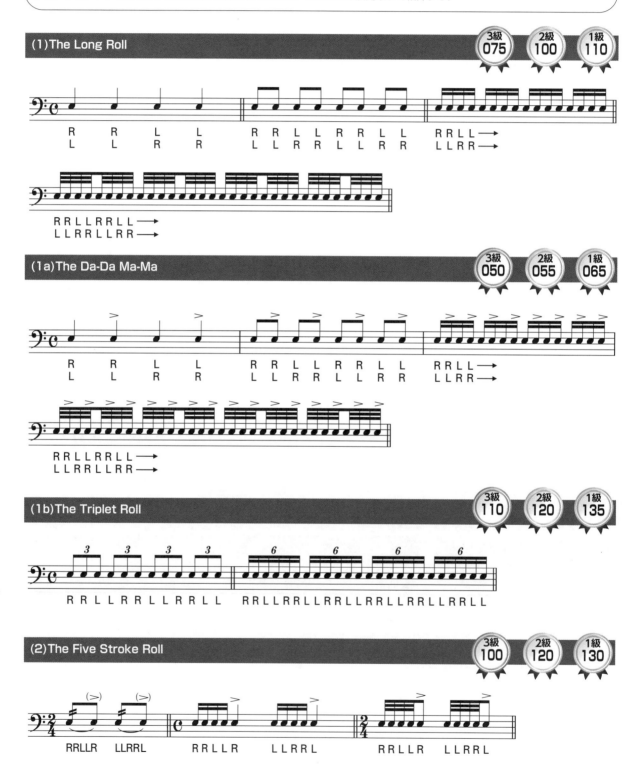

(2a) The Reverse Five Stroke Roll

(2b) The Triplet Five

(3) The Seven Stroke Roll

(3a) The Reverse Seven Stroke Roll A

(3b) The Seven Stroke Roll B (Triplet Seven)

(3c) The Reverse Seven Stroke Roll B

(3d) The Seven Stroke Roll C (Accent on The First Note)

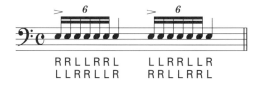

(4) The Flam

(5) The Flam Accent

(5a) The Reverse Flam Accent #1

(5b) The Reverse Flam Accent #2

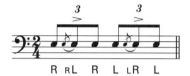

(6) The Flam Paradiddle (Flam -A - Diddle)

(6a) The Flam Inward Paradiddle

(6b) The Flam Delayed Paradiddle

(7) The Flamacue

(8) The Ruff (The Drag or Hal Drag)

(8a) The Half Drag (Accent on The first Note)

(8b) Inverted Flam Tap

(9a) The Single Drag tap

(9b) The Full Drag

(10) The Double Drag (Double Drag Tap)

(11) The Double Paradiddle

(12) The Single Ratamacue

(13) The Triple Ratamacue

(14) The Single Stroke Roll

(15) The Nine Stroke Roll A

(15a) The Reverse Nine Stroke Roll

(15b) The Nine Stroke Roll B

(16) The Ten Stroke Roll

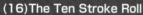

(16a) The Reverse Ten Stroke Roll

(17) The Eleven Stroke Roll

RRLLRRLL RR L　　　　R R L L R R L L R R L
LLRRLLRR LL R　　　　L L R R L L R R L L R

(17a) The Reverse Eleven Stroke Roll

R　L L R R L L R R L L　　　　R LLRRLLRRLL R LLRRLLRRLL

動画　前半 160bpm / 後半 080bpm

(18) The Thirteen Stroke Roll A

RRLLRRLLRRLL R　　　　R R L L R R L L R R L L R
LLRRLLRRLLRR L　　　　L L R R L L R R L L R R L

動画　前半 100bpm / 後半 180bpm

(18a) The Revers Thirteen Stroke Roll A

動画　前半 100bpm / 後半 180bpm

R　LLRRLLRRLLRR L　RRLLRRLLRRLL　　　R　　　L L R R L L R R L L R
　　　　　　　　　　　　　　　　　　　L　　　R R L L R R L L R R L L

(18b) The Thirteen Stroke Roll B

RRLLRRLL RRLLR　　　　LLRRLLRR LLRRL

(18c) The Reverse Thirteen Stroke Roll B

R　　　LLRRLLRRLLRRL　　　　RRLLRRLLRRLL

(19) The Fifteen Stroke Roll

RRLLRRLLRRLLRR L　　　　R R L L R R L L R R L L R R L
LLRRLLRR LLRRLL R　　　　L L R R L L R R L L R R L L R

動画　前半 100bpm / 後半 180bpm

(19a) The Reverse Fifteen Stroke Roll

R　LLRRLL RRLLRRLL　　　　R　LL RR LL RR LL RR LL

動画　前半 100bpm / 後半 180bpm

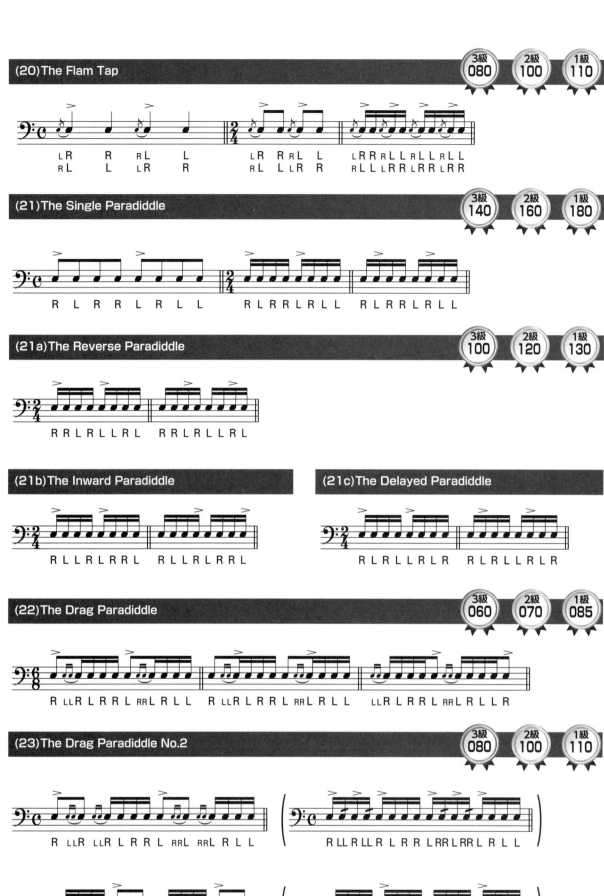

(24) The Flam Paradiddle -diddle

(25) Lesson 25

(26a) The Double Ratamacue A

(26b) The Double Ratamacue B

(26c) The Double Ratamacue C

11 14 Standard Rudiments
14のスタンダード・ルーディメンツ

26のスタンダード・ルーディメンツを「P.A.S（Percussive Arts Society）」が再編し、14種類のルーディメンツを追加。40種類の国際ドラムルーディメンツを定めた。ここではアクセントをシフトしたものや、さまざまな展開系まで紹介する。

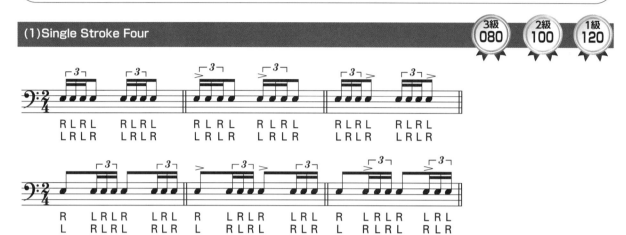

(1) Single Stroke Four

(2) The Single Stroke 7

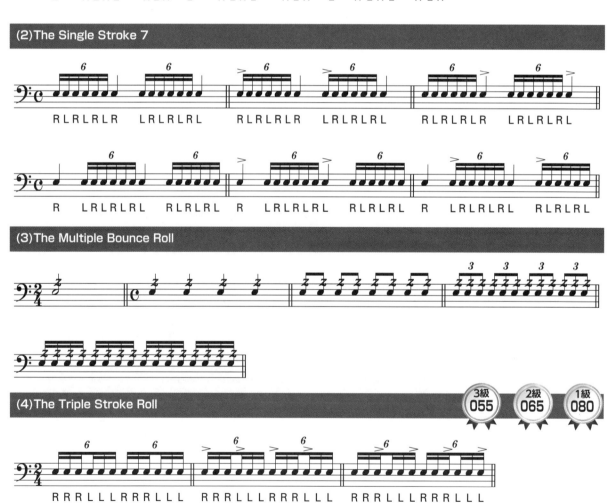

(3) The Multiple Bounce Roll

(4) The Triple Stroke Roll

(5) The Six Stroke Roll A

(5a) The Six Stroke Roll B

(6) The Seventeen Stroke Roll

(7) The Triple Paradiddle

(8) The Single Paradiddle-diddle

(9) The Single Flammed Mill

(9a) The Reverse Flammed Windmill

(10) The Pataflafla

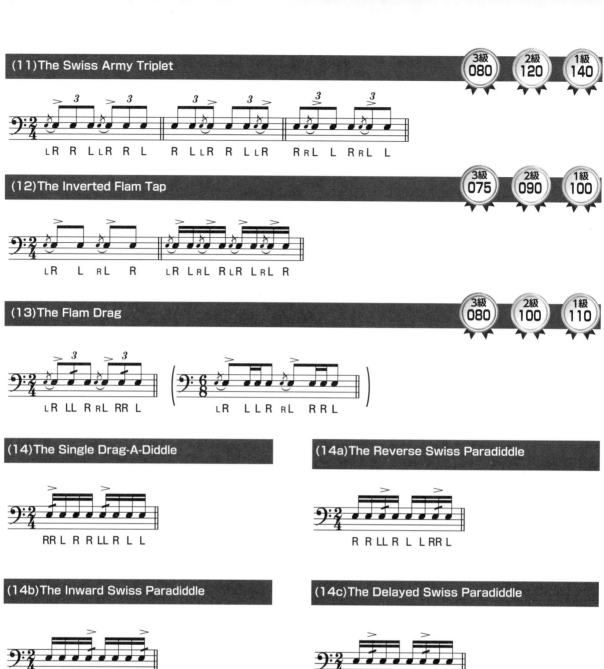

第3章

コンテンポラリードラム・ルーディメンツ＆
ハイブリッド・ドラム・ルーディメンツ
133

[12] コンテンポラリー・ドラム・ルーディメンツと
ハイブリッド・ルーディメンツをまとめたグルーヴ
[13] ハイブリッド・ルーディメンツ・フレーズ集

12 コンテンポラリー・ドラム・ルーディメンツとハイブリッド・ルーディメンツをまとめたグルーヴ

1つのフレーズに装飾音符が2つ以上混在するものがハイブリッドルーディメンツであり、ここではフラムとドラッグを含むチーズ（Cheese）系のルーディメンツを多数紹介している。さらに次項目の13ではハイブリッド・ルーディメンツを特集している。

P92〜93のフレーズを動画でチェック！

(1) The Four Stroke Roll

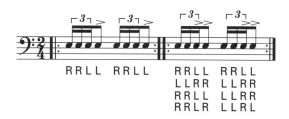

```
RRLL  RRLL    RRLL  RRLL
              LLRR  LLRR
RRLL          RRLL  LLRR
RRLR          RRLR  LLRL
```

(2) The Tap Roll

R LLRRLLRRLLRRLLRRLL R LLRRLLRRLL RLL →
→ RRLLRRL

(3) The Single Five

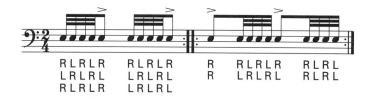

```
RLRLR  RLRLR   R  RLRLR  RLRL
LRLRL  LRLRL   R  LRLRL  RLRL
RLRLR  LRLRL
```

(4) The Didda-Let #1

```
R L L R L L     ←各手順4回リピート
L R R L R R
```

(5) The Didda-Let #2

```
R R L R R L     ←各手順4回リピート
L L R L L R
```

(6) The Didda-Let #3

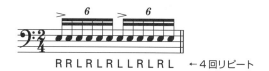

R R L R L R L L R L R L   ←4回リピート

(7) The Didda-Let #4

R R L R L L R R L R L L   ←4回リピート

(8) The Para-Triplets

(9) The Triple Para-Triplets

(10) The Synco Diddles

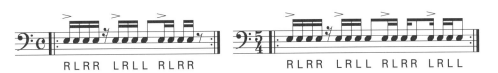

(11) The Three Stroke Ruffa-Diddle-Diddle

(12) The Four Stroke Ruffa-Diddle-Diddle (SW)

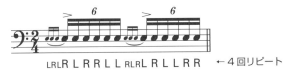

(13) The Single Windmill (SW)

(14) The Double Windmill (SW)

(22) The Tap Flam

(23) The Inverted Tap Flam

(24) The Paradiddle Flam Tap

(25) The Reverse Paradiddle Flam Tap

(26) The Inward Paradiddle Flam Tap

(27) The Delayed Paradiddle Flam Tap

(28) The Swiss Sixteenth

(29) The Drag Patty-Fla-Fla

(30) The Triplet-A-Cue

(31) The Flam Da-Da

(32) The Da-Da Flam

(33) The Flam Flam Diddle

(34) The Para Flam Flam

(35) The Flama Flama Diddle

(36) The Flama Flama Flam Flam

(37) The Flam-A-Flam Flam Diddle

(38) The Flam-A-Flam Flam Flam Flam

(39) The Ma-Ma Da-Da Flams

(40) The Ratama Flams

(41) The Double Ratama Flams

(42) The Triple Ratama Flams

(43) The Triplet Diddle

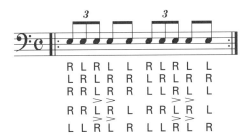

(44) The Triplet Single Paradiddle

(45) The Triplet Double Paradiddle

(46) The Triplet Single Flama Diddle

(47) The Triplet Double Flama Diddle

(48) The Triplet Flama Diddle Diddle

(49) The Berger 25

(50) The Drag-A-Teenth

(51) The Cheese

(52) The Cheese Paradiddle

(53) The Drag-A-Let

(54) The Cheese-A-Let

(55) The Triplet Pataflafla

(56) The Paradiddle Roll

(57) The Flam Double Paradiddle

(58) The Cheese Double Paradiddle

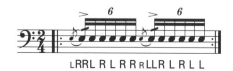

(59) The Flam Triple Paradiddle 〔3級 070／2級 080／1級 090〕

(60) The Cheese Triple Paradiddle

(61) The Cheese Paradiddle-diddle 〔3級 050／2級 060／1級 070〕

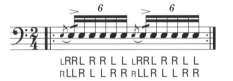

(62) The Inverted Paradiddle-diddle

(63) The Inverted Cheese Paradiddle-diddle

(64) The Flam Flam

(65) The Paladiddle Flam Flam

(66) The Single Hand Flam Flam

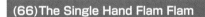

(67) The Dachuda 〔3級 060／2級 075／1級 085〕

(68) The Cheese Dachuda

(69) The Inverted Flam Accents

(70) The Inverted Flam Drags

(71) The Inverted Cheese Flam Accents

(72) The Inverted Triplet Pataflafla

(73) The Inverted Cheese Triplet Pataflafla

(74) The Flam Triple Stroke Roll

(75) The Inverted Cheese Flam Tap

(76) The Cheese Pataflafla

(77) The Alternated Pataflafla

L R L R R L R L R L L R

(78) The Alternated Cheeese Pataflafla

L RR L R R L R L L R L L R

(79) The Cheese Roll

L RR LL RR LL RR LL RR LL R LL RR LL RR LL RR LL RR

(80) The Flam Five Stroke Roll

L RR LL R   L L RR LL R L

(81) The Flam Accent Five Stroke Roll
3級 065 2級 075 1級 085

L RR LL R R LL RR L

(82) The Single Hand Five Stroke Roll
3級 050 2級 060 1級 070

R R R R L R L L L L R L

(83) The Single Hand Flam Five Stroke Roll

L R R R R L R R L L L L R L

(84) The Pataflafla Flam Five Stroke Roll

L RR LL R R L L RR LL R R L

(85) The Pataflafla Single Stroke Seven

L R L R L R R L R L R L R R L

(86) The Reverse Paradiddle-diddle
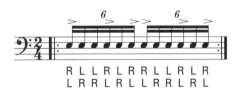
R L L R L R R L L R
L R R L R L L R L R

(87) The Thirty Second Note Roll Combination

(88) The Shirley Murphy

(89) The Giant Paradiddle

(90) The Flam Accent Giant Paradiddle

(91) The Swiss Triplet Giant Paradiddle

(92) The Drag Single Paradiddle

(93) The Three Stroke Ruff Single Paradiddle

(94) The Drag Double Paradiddle

(95) The Three Stroke Ruff Double Paradiddle

(96) The Drag Triple Paradiddle

(97) The Three Stroke Ruff Triple Paradiddle

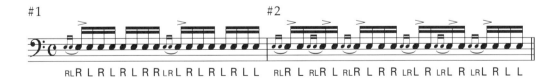

(98) The Four Stroke Ruff Single Paradiddle

(99) The Four Stroke Ruff Double Paradiddle

(100) The Four Stroke Ruff Triple Paradiddle

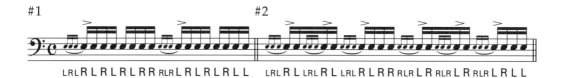

(101) The Three Stroke Ruff

(102) The Four Stroke Ruff

(103) The Five Stroke Ruff

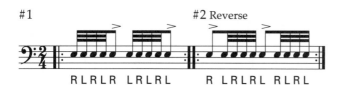

(104) The Six Stroke Ruff

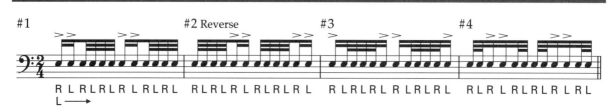

(105) The Seven Stroke Ruff

(106) The Eight Stroke Ruff

13 ハイブリッド・ルーディメンツ・フレーズ集

引き続き「ハイブリッド・ルーディメンツ」に特化したフレーズ集を作ってみた。基本となるチーズ（Cheese）などは前章と重複して出てくるが、そこからさらに発展させたハイブリッド・ルーディメンツ独自のテクニックにトライしてみよう。現在では200種類以上あるハイブリッド・ルーディメンツの代表的なフレーズを27種類にまとめてみた。

(1) Cheese

(2) Cheeselet

(3) Cheddar

(4) Cheddarlet

(5) Cheese Pataflafla

(6) Cheese Chuchuddas

(7) Cheese Paradiddle

(8) Cheddar Paradiddle

(9) Cheese Double Paradiddle

(10) Cheese Double Paradiddle #2

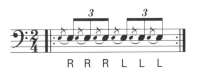

(23) Flam Flam

(24) Flam Paradoddle (4Flam)

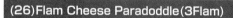

(25) Flam Cheese Paradoddle (2Flam)

(26) Flam Cheese Paradoddle (3Flam)

(27) Flam Cheese Paradoddle (4Flam)

菅沼孝三（すがぬま こうぞう）

大阪で生まれ8才でドラムを始める。15才でプロデビュー後、数多くのスタジオワーク、コンサートツアー、セッションに参加する。自己のドラムスクール「菅沼孝三ドラム道場」を全国6カ所にて主宰。ドラムや打楽器の教則本、DVDを多数リリース。クリニシャンとしても意欲的に取り組み、国内はもとよりワールドワイドにドラムフェスティバルやジャズフェスティバル、ドラムクリニックに出演。デヴィッド・ガリバルディ、ビリー・コブハム、デイヴ・ウエックル、ソニー・エモリー、スティーヴ・ジョーダン、ジェリー・ブラウン、サイモン・フィリップス、ベニー・グレヴ、トミー・アイゴ、ピーター・アースキン、ラス・ミラー他…世界のトップドラマーと共演。2014年にはスイスで開催される世界最大のジャズフェスティバル「モントルージャズフェスティバル2014」に出演。2014年に北京で開催されたドラマーの祭典「ドラムサミット2014」に出演。アジア最大のバンドコンテスト「ASIAN BEAT」では3回ゲスト出演、審査員を務める。2015年には中国（温州、大連）、台湾（高尾、台北）のドラムフェスティバルでクリニック、パフォーマンスを行う。アーティストのサポートでは、CHAGE&ASKA、稲垣潤一、工藤静香、織田哲郎、LOUDNESS、TOSHI(X JAPAN)、ROLLY、谷村新司、GACKT、HIDEKI(元シャム・シェード)、LIV MOON、吉川晃司、acid black cherry、DREAMS COME TRUE…その他多数。4枚のソロアルバムをリリース。
参加ミュージシャンはスコット・キンゼイ（トライバル・テック）、リンカーン・ゴーインズ、ボブ・マラック、ビリー・シーン、高崎晃、矢堀孝一、MASAKI、ジェレミー・クローク、青柳誠、永井敏己、道下和彦、トーマス・ラング…他。
高速連打、変拍子、トリックプレイを駆使した独自のプレイスタイルで「手数王」の異名をとる。

既刊好評発売中！

超効率セッティング＆世界のテクニックに学ぶ魅せ技
菅沼孝三直伝！魅せる！ハイハット新演奏メソッド

価格：2,838円＋税
仕様：DVD
出演者：菅沼孝三

多ジャンル80曲！一生使えるドラム練習曲集～[改訂版]
ドラマーズ・ソングブック

価格：3,500円＋税
A4判／146ページ
DVD-ROM & QR動画付
寄稿：菅沼孝三／松本安生／瀧山清貴／松尾啓史／森谷亮太

菅沼孝三&川口千里 新たな挑戦と軌跡
100人ドラム

価格：2,838円＋税
仕様：DVD
出演者：菅沼孝三／川口千里

かおりと千里の大逆襲！
菅沼孝三 meets 川口千里 KKK-COREマルチアングルライブ2

価格：2,838円＋税
仕様：DVD
出演者：菅沼孝三／川口千里／広原かおり

ドラムを自在に操る新旧ルーディメンツ大全 431
～全フレーズ動画対応！全ジャンルに対応～

発行所：株式会社アルファノート
URL：https://alfanote.jp/
発行人：四月朔日義昭

発行日：2019 年 11 月 10 日 初版発行
　　　　2024 年 5 月 1 日 第 4 刷発行
ISBN：978-4-906954-83-4
定価：本体 2273 円 + 税

著者：菅沼孝三
映像・デザイン：株式会社アルファノート
映像：四月朔日義昭 / 四月朔日ゆき
譜面浄書：オフィス・ノリフク
録音協力：小泉こいた。貴裕
校正協力：森谷亮太
ドラム検定ロゴデザイン：石川貴章 (スロースワークデザイン)
プロフィール写真撮影：霜越春樹 (プレスセブン)

スペシャルサンクス：
　株式会社ヤマハミュージックジャパン ART
　Zildjian Cymbals
　Zildjian Drum Sticks
　株式会社アサプラ /ASPR（アサプラ）ドラムヘッド

禁無断転載 / 乱丁・落丁は弊社にてお取り換え致します。
本書についてのお問い合わせは封書または info@alfanote.jp 宛にお願い致します。
本書記事 / 譜面などの無断転載は固くお断りします。

©2019 by ALFANOTE Co,Ltd/Printed in Japan